Le LIVRE de POCHE

Jeunesse

MADAME DE BEAUMONT
MADAME D'AULNOY

LA BELLE ET LA BÊTE

et autres contes

Illustrations :
Denis Dugas

HACHETTE
Jeunesse

La Belle et la Bête

par Madame de Beaumont

Il y avait une fois un marchand qui était extrêmement riche. Il avait six enfants, trois garçons et trois filles, et comme ce marchand était un homme d'esprit, il n'épargna rien pour l'éducation de ses enfants et leur donna toutes sortes de maîtres.

Ses filles étaient très belles ; mais la cadette surtout se faisait admirer et on ne l'appelait, quand elle était petite, que la *Belle Enfant* ; en sorte que le nom lui en resta, ce qui donna beaucoup de jalousie à ses sœurs. Cette cadette, qui était plus belle que ses sœurs, était aussi meilleure qu'elles. Les deux aînées avaient beaucoup d'orgueil parce qu'elles étaient riches : elles faisaient les dames, et ne voulaient pas recevoir les visites des autres filles de marchands. Elles allaient tous les jours au bal, à la comédie, à la promenade, et se moquaient de leur cadette, qui employait la plus grande partie de son temps à lire de bons livres.

Comme on savait que ces filles étaient fort riches, plusieurs gros marchands les demandèrent en mariage, mais les deux aînées répondirent qu'elles ne se marieraient jamais, à moins qu'elles ne trouvassent un duc, ou tout au moins un comte. La Belle remercia bien honnêtement ceux qui voulaient l'épouser ; mais elle leur dit qu'elle était trop jeune et qu'elle souhaitait tenir compagnie à son père pendant quelques années.

Tout d'un coup, le marchand perdit son bien et il ne lui resta qu'une petite maison de campagne, bien loin de la ville. Il dit en pleurant à ses enfants qu'il leur fallait aller dans cette maison et qu'en travaillant comme des paysans, ils y pourraient vivre. Ses deux filles aînées répondirent qu'elles ne voulaient pas quitter la ville et qu'elles connaissaient des jeunes gens qui seraient trop heureux de les épouser, quoiqu'elles n'eussent plus de fortune.

Ces demoiselles se trompaient : leurs amis ne voulurent plus les regarder quand elles furent pauvres. Comme personne ne les aimait, à cause de leur fierté, on disait :

« Elles ne méritent pas qu'on les plaigne ! Nous sommes bien aises de voir leur orgueil abaissé : qu'elles aillent faire les dames en gardant les moutons ! »

Mais en même temps, tout le monde disait :

« Pour la Belle, nous sommes bien fâchés de son malheur : c'est une si bonne fille ! Elle parlait aux pauvres gens avec tant de bonté ; elle était si douce, si honnête ! »

Il y eut même plusieurs gentilshommes qui voulurent l'épouser, quoiqu'elle n'eût pas un sou. Mais elle leur dit qu'elle ne pouvait se résoudre à abandonner son pauvre père dans son malheur, et qu'elle le suivrait à la campagne pour le consoler et l'aider à travailler.

Quand ils furent arrivés à leur maison de campagne, le marchand et ses trois fils s'occupèrent à labourer la terre. La Belle se levait à quatre heures du matin et se dépêchait de nettoyer la maison et de préparer à dîner pour la famille.

Elle eut d'abord beaucoup de peine, car elle n'était pas habituée à travailler comme une servante ; mais, au bout de deux mois, elle devint plus forte et la fatigue lui donna une santé parfaite. Quand elle avait fait son ouvrage, elle lisait, jouait du clavecin, ou bien chantait en filant.

Ses deux sœurs, au contraire, s'ennuyaient à mort ; elles se levaient à dix heures du matin, se promenaient toute la journée, et regrettaient leurs beaux habits et leurs amis.

« Voyez notre cadette, disaient-elles entre elles, elle est si stupide qu'elle se contente de sa malheureuse situation. »

Le bon marchand ne pensait pas comme ses filles. Il savait que la Belle était plus propre que ses sœurs à briller en société. Il admirait la vertu de cette jeune fille et surtout sa patience ; car ses sœurs, non contentes de lui laisser faire tout l'ouvrage de la maison, l'insultaient à tout moment.

Il y avait un an que cette famille vivait dans la solitude, lorsque le marchand reçut une lettre par laquelle on lui annonçait qu'un vaisseau, sur lequel il avait des marchandises, venait d'arriver sans encombre. Cette nouvelle faillit faire tourner la tête à ses deux aînées qui pensaient qu'enfin elles pourraient quitter cette campagne où elles s'ennuyaient tant. Quand elles virent leur père prêt à partir, elles le prièrent de leur apporter des robes, des palatines, des coiffures, et toutes sortes de bagatelles. La Belle ne lui demandait rien, car elle pensait que tout l'argent des marchandises ne suffirait pas à acheter ce que ses sœurs souhaitaient.

« Tu ne me pries pas de t'acheter quelque chose ? lui demanda son père.

— Puisque vous avez la bonté de penser à moi, lui dit-elle, je vous prie de m'apporter une rose, car on n'en trouve point ici. »

Ce n'est pas que la Belle se souciât d'une rose mais elle ne voulait pas condamner, par son exemple, la conduite de ses sœurs qui auraient dit que c'était pour se distinguer qu'elle ne demandait rien.

Le bonhomme partit. Mais quand il fut arrivé, on lui fit un procès pour ses marchandises. Et, après avoir eu beaucoup de peine, il revint aussi pauvre qu'il était auparavant. Il n'avait plus que trente milles à parcourir avant d'arriver à sa maison et il se réjouissait déjà du plaisir de voir ses enfants. Mais, comme il fallait traverser un

grand bois avant de trouver sa maison, il se perdit. Il neigeait horriblement ; le vent soufflait si fort qu'il le jeta deux fois à bas de son cheval. La nuit étant venue, il pensa qu'il mourrait de faim ou de froid, ou qu'il serait mangé par des loups qu'il entendait hurler autour de lui.

Tout d'un coup, en regardant au bout d'une longue allée d'arbres, il vit une grande lumière, mais qui paraissait bien éloignée. Il marcha de ce côté-là et vit que cette lumière venait d'un grand palais, qui était tout illuminé. Le marchand remercia Dieu du secours qu'il lui envoyait et se hâta d'arriver à ce château ; mais il fut bien surpris de ne trouver personne dans les cours. Son cheval qui le suivait, voyant une grande écurie ouverte, entra dedans ; ayant trouvé du foin et de l'avoine, le pauvre animal, qui mourait de faim, se jeta dessus avec beaucoup d'avidité. Le marchand l'attacha dans l'écurie et marcha vers la maison, où il ne trouva personne ; mais étant entré dans une grande salle, il y trouva un bon feu et une table chargée de viandes, où il n'y avait qu'un couvert.

Comme la pluie et la neige l'avaient mouillé jusqu'aux os, il s'approcha du feu pour se sécher et disait en lui-même : « Le maître de la maison ou ses domestiques me pardonneront la liberté que j'ai prise, et sans doute ils viendront bientôt. » Il attendit pendant un temps considérable ; mais onze heures ayant sonné sans qu'il vît personne, il ne put résister à la faim et prit un poulet qu'il mangea en deux bouchées, et en tremblant. Il but aussi quelques coups de vin ; devenu plus hardi, il sortit de la salle et traversa plusieurs grands appartements magnifiquement meublés. À la fin, il trouva une chambre où il y avait un bon lit et, comme il était minuit passé et qu'il était las, il prit le parti de fermer la porte et de se coucher.

Il était dix heures du matin quand il s'éveilla le lendemain et il fut bien surpris de trouver un habit fort propre à la place du sien qui était tout gâté. « Assurément, pensa-t-il, ce palais appartient à quelque bonne fée qui a eu pitié de ma situation. » Il regarda par la fenêtre et ne vit plus de neige, mais des berceaux de fleurs qui enchantaient la vue. Il entra dans la grande salle où il avait soupé la veille et vit une petite table où il y avait du chocolat.

« Je vous remercie, madame la fée, dit-il tout haut, d'avoir eu la bonté de penser à mon déjeuner. »

Le bonhomme, après avoir pris son chocolat, sortit pour aller chercher son cheval et, comme il passait sous un berceau de roses, il se souvint que la Belle lui en avait demandé, et cueillit une branche où il y en avait plusieurs.

À cet instant il entendit un grand bruit et vit venir à lui une Bête si horrible qu'il fut tout près de s'évanouir.

« Vous êtes bien ingrat, lui dit la Bête d'une voix terrible : je vous ai sauvé la vie en vous recevant dans mon château et, pour ma peine, vous me volez mes roses que j'aime mieux que toute chose au monde : il vous faut mourir pour réparer votre faute. Je ne vous donne qu'un quart d'heure pour demander pardon à Dieu. »

Le marchand se jeta à genoux et dit à la Bête, en joignant les mains :

« Monseigneur, pardonnez-moi, je ne croyais pas vous offenser en cueillant une rose pour une de mes filles, qui m'en avait demandé.

— Je ne m'appelle point *Monseigneur,* répondit le monstre, mais *la Bête.* Je n'aime pas les compliments, moi, je veux qu'on dise ce qu'on pense ; ainsi ne croyez pas me toucher par vos flatteries. Mais vous m'avez dit que vous aviez des filles. Je veux bien vous pardonner, à condition qu'une de vos filles vienne volontairement pour mourir à votre place. Ne discutez pas, partez ! Et si vos filles refusent de mourir pour vous, jurez que vous reviendrez dans trois mois. »

Le bonhomme n'avait pas dessein de sacrifier une de ses filles à ce vilain monstre ; mais il pensa : « Du moins j'aurai le plaisir de les embrasser encore une fois. » Il jura donc de revenir, et la Bête lui dit qu'il pourrait partir quand il voudrait. « Mais, ajouta-t-elle, je ne veux pas que tu t'en ailles les mains vides. Retourne dans la chambre où tu as couché, tu y trouveras un grand coffre vide, tu peux y mettre tout ce qui te plaira, je le ferai porter chez toi. »

En même temps la Bête se retira et le bonhomme se dit : « S'il faut que je meure, j'aurai la consolation de laisser du pain à mes pauvres enfants. »

Il retourna dans la chambre où il avait couché ; y ayant trouvé une grande quantité de pièces d'or, il remplit le coffre dont la Bête lui avait parlé, le ferma et, ayant repris son cheval qu'il retrouva dans l'écurie, il sortit de ce palais avec une tristesse égale à la joie qu'il avait lorsqu'il y était entré. Son cheval prit de lui-même une des routes de la forêt et, en peu d'heures, le bonhomme arriva dans sa petite maison. Ses enfants se rassemblèrent autour de lui ; mais, au lieu d'être sensible à leurs caresses, le marchand se mit à pleurer en les regardant. Il tenait à la main la branche de roses qu'il apportait à la Belle ; il la lui donna et lui dit : « La Belle, prenez ces roses ! Elles coûtent bien cher à votre malheureux père. » Et, tout de suite, il raconta à sa famille la funeste aventure qui lui était arrivée.

À ce récit, ses deux aînées jetèrent de grands cris, et dirent des injures à la Belle, qui ne pleurait point.

« Voyez ce que produit l'orgueil de cette petite créature, disaient-elles. Que ne demandait-elle des robes comme nous : mais non, mademoiselle voulait se distinguer ! Elle va causer la mort de notre père, et elle ne pleure pas.

— Cela serait fort inutile, reprit la Belle : pourquoi pleurerais-je la mort de mon père ? Il ne périra point. Puisque le monstre veut bien accepter une de ses filles, je veux me livrer à toute sa furie et je me trouve fort heureuse puisqu'en mourant j'aurai la joie de sauver mon père et de lui prouver ma tendresse.

— Non, ma sœur, lui dirent ses trois frères, vous ne mourrez pas : nous irons trouver ce monstre, nous péririons sous ses coups si nous ne pouvons le tuer.

— Ne l'espérez pas, mes enfants ! leur dit le marchand. La puissance de la Bête est si grande qu'il ne me reste aucune espérance de la faire périr. Je suis charmé du bon cœur de la Belle, mais je ne veux pas l'exposer à la mort. Je suis vieux, il ne me reste que peu de temps à vivre ; ainsi je ne perdrai que quelques années de vie que je ne regrette qu'à cause de vous, mes chers enfants.

— Je vous assure, mon père, dit la Belle, que vous n'irez pas à ce palais sans moi : vous ne pouvez m'empêcher de vous suivre. Quoique je sois jeune, je ne suis pas fort attachée à la vie, et j'aime mieux être dévorée par ce monstre que de mourir du chagrin que me donnerait votre perte. »

On eut beau dire, la Belle voulut absolument partir pour le beau palais, et ses sœurs en étaient charmées parce que les vertus de cette cadette leur avaient inspiré beaucoup de jalousie.

Le marchand était si occupé de la douleur de perdre sa fille qu'il ne pensait pas au coffre qu'il avait rempli d'or ; mais aussitôt qu'il se fut enfermé dans sa chambre pour se coucher, il fut bien étonné de le trouver au pied de son lit. Il résolut de ne point dire à ses enfants qu'il était devenu riche, parce que ses filles auraient voulu retourner à la ville et qu'il était résolu de mourir dans cette campagne, mais il confia ce secret à la Belle qui lui apprit qu'il était venu quelques gentilshommes pendant son absence, qu'il y en avait deux qui aimaient ses sœurs. Elle pria son père de les marier ; car la Belle était si bonne qu'elle les aimait et leur pardonnait de tout son cœur le mal qu'elles lui avaient fait.

Ces méchantes filles se frottèrent les yeux avec un oignon pour pleurer lorsque la Belle partit avec son père ; mais ses frères pleuraient tout de bon aussi bien que le marchand. Il n'y avait que la Belle qui ne pleurait point parce qu'elle ne voulait pas augmenter leur douleur.

Le cheval prit la route du palais et, sur le soir, ils l'aperçurent illuminé comme la première fois. Le cheval alla tout seul à l'écurie et le bonhomme entra avec sa fille dans la grande salle où ils trouvèrent une table magnifiquement servie, avec deux couverts. Le marchand n'avait pas le cœur de manger, mais la Belle, s'efforçant de paraître tranquille, se mit à la table et le servit. Puis elle se dit en elle-même : « La Bête veut m'engraisser avant de me manger puisqu'elle me fait faire si bonne chère. »

Quand ils eurent soupé, ils entendirent un grand bruit. Le marchand dit adieu à sa pauvre fille en pleurant car il pensait que c'était la Bête. La Belle ne put s'empêcher de frémir en voyant cette horrible figure, mais elle se rassura de son mieux et, le monstre lui ayant demandé si c'était de bon cœur qu'elle était venue, elle lui dit en tremblant que oui.

« Vous êtes bien bonne, lui dit la Bête, et je vous suis bien obligé. Bonhomme, partez demain matin et ne vous avisez jamais de revenir ici. Adieu, la Belle !

— Adieu, la Bête », répondit-elle, et tout de suite le monstre se retira.

« Ah ! ma fille, dit le marchand en embrassant la Belle, je suis à demi mort de frayeur. Croyez-moi, laissez-moi ici.

— Non, mon père, lui dit la Belle avec fermeté, vous partirez demain matin et vous m'abandonnerez au secours du Ciel ; peut-être aura-t-il pitié de moi. »

Ils allèrent se coucher et croyaient ne pas dor-

mir de toute la nuit ; mais à peine furent-ils dans leurs lits que leurs yeux se fermèrent. Pendant son sommeil, la Belle vit une dame qui lui dit :

« Je suis contente de votre bon cœur, la Belle. La bonne action que vous faites, en donnant votre vie pour sauver celle de votre père, ne demeurera pas sans récompense. »

La Belle, s'éveillant, raconta ce songe à son père et, quoiqu'il le consolât un peu, cela ne l'empêcha pas de jeter de grands cris quand il fallut se séparer de sa chère fille.

Lorsqu'il fut parti, la Belle s'assit dans la grande salle et se mit à pleurer aussi. Mais comme elle avait beaucoup de courage, elle se recommanda à Dieu et résolut de ne se point chagriner pour le peu de temps qu'elle avait à vivre car elle croyait fermement que la Bête la mangerait le soir. Elle résolut de se promener en attendant et de visiter ce beau château.

Elle ne pouvait s'empêcher d'en admirer la beauté. Mais elle fut bien surprise de trouver une porte sur laquelle il y avait écrit : *Appartement de la Belle.* Elle ouvrit cette porte avec précipitation et fut éblouie de la magnificence qui y régnait. Mais ce qui frappa le plus sa vue fut une grande bibliothèque, un clavecin et plu-

sieurs livres de musique. « On ne veut pas que je m'ennuie », dit-elle tout bas. Elle pensa ensuite : « Si je n'avais qu'un jour à demeurer ici, on ne m'aurait pas ainsi pourvue. » Cette pensée ranima son courage. Elle ouvrit la bibliothèque et vit un livre où il y avait écrit en lettres d'or : *Souhaitez, commandez : vous êtes ici la reine et la maîtresse.* « Hélas ! dit-elle en soupirant, je ne souhaite rien que de voir mon pauvre père et de savoir ce qu'il fait à présent. » Elle avait dit cela en elle-même.

Quelle fut sa surprise, en jetant les yeux sur un grand miroir, d'y voir sa maison où son père arrivait avec un visage extrêmement triste ! Ses sœurs venaient au-devant de lui et, malgré les grimaces qu'elles faisaient pour paraître affligées, la joie qu'elles avaient de la perte de leur sœur paraissait sur leur visage. Un moment après, tout cela disparut, et la Belle ne put s'empêcher de penser que la Bête était bien complaisante et qu'elle n'avait rien à craindre.

À midi, elle trouva la table mise et, pendant son dîner, elle entendit un excellent concert, quoiqu'elle ne vît personne. Le soir, comme elle allait se mettre à table, elle entendit le bruit que faisait la Bête et ne put s'empêcher de frémir.

« La Belle, lui dit ce monstre, voulez-vous bien que je vous voie souper ?

— Vous êtes le maître, répondit la Belle en tremblant.

— Non, reprit la Bête, il n'y a ici de maîtresse que vous. Vous n'avez qu'à me dire de m'en aller si je vous ennuie ; je sortirai tout de suite. Dites-moi, n'est-ce pas que vous me trouvez bien laid ?

— Cela est vrai, dit la Belle, car je ne sais pas mentir ; mais je crois que vous êtes fort bon.

— Vous avez raison, dit le monstre. Mais outre que je suis laid, je n'ai point d'esprit : je sais bien que je ne suis qu'une Bête.

— On n'est pas bête, reprit la Belle, quand on croit n'avoir point d'esprit. Un sot n'a jamais su cela.

— Mangez donc, la Belle, dit le monstre, et tâchez de ne point vous ennuyer dans votre maison car tout ceci est à vous, et j'aurais du chagrin si vous n'étiez pas contente.

— Vous avez bien de la bonté, dit la Belle. Je vous assure que je suis contente de votre cœur. Quand j'y pense, vous ne me paraissez plus si laid.

— Oh ! dame, oui ! répondit la Bête. J'ai le cœur bon, mais je suis un monstre.

— Il y a bien des hommes qui sont plus monstres que vous, dit la Belle, et je vous aime mieux avec votre figure que ceux qui, avec la figure d'homme, cachent un cœur faux, corrompu, ingrat.

— Si j'avais de l'esprit, reprit la Bête, je vous ferais un grand compliment pour vous remercier ; mais je suis un stupide, et tout ce que je puis vous dire, c'est que je vous suis bien obligé. »

La Belle soupa de bon appétit. Elle n'avait presque plus peur du monstre, mais elle manqua mourir de frayeur lorsqu'il lui dit :

« La Belle, voulez-vous être ma femme ? » Elle fut quelque temps sans répondre : elle avait peur d'exciter la colère du monstre en refusant sa proposition. Elle lui dit enfin en tremblant :

« Non, la Bête. »

Dans le moment, ce pauvre monstre voulut soupirer et il fit un sifflement si épouvantable que tout le palais en retentit ; mais la Belle fut bientôt rassurée, car la Bête, lui ayant dit tristement « Adieu donc, la Belle », sortit de la chambre en se retournant de temps en temps pour la regarder encore. Belle, se voyant seule, sentit une grande compassion pour cette pauvre Bête. « Hélas ! disait-elle, c'est bien dommage qu'elle soit si laide, elle est si bonne ! »

Belle passa trois mois dans ce palais avec assez de tranquillité. Tous les soirs, la Bête lui rendait visite et parlait avec elle pendant le souper avec assez de bon sens, mais jamais avec ce qu'on appelle esprit dans le monde. Chaque jour, Belle découvrait de nouvelles bontés dans ce monstre : l'habitude de le voir l'avait accoutumée à sa laideur et, loin de craindre le moment de sa visite, elle regardait souvent sa montre pour voir s'il était bientôt neuf heures, car la Bête ne manquait jamais de venir à cette heure-là.

Il n'y avait qu'une chose qui faisait de la peine à la Belle, c'est que le monstre, avant de se coucher, lui demandait toujours si elle voulait être sa femme et paraissait pénétré de douleur lorsqu'elle lui disait que non. Elle lui dit un jour :

« Vous me chagrinez, la Bête ! Je voudrais pouvoir vous épouser, mais je suis trop sincère pour vous faire croire que cela arrivera jamais : je serai toujours votre amie ; tâchez de vous contenter de cela.

— Il le faut bien, reprit la Bête. Je me rends

justice ! je sais que je suis horrible, mais je vous aime beaucoup. Aussi, je suis trop heureux de ce que vous vouliez bien rester ici. Promettez-moi que vous ne me quitterez jamais ! »

La Belle rougit à ces paroles. Elle avait vu, dans son miroir, que son père était malade de chagrin de l'avoir perdue et elle souhaitait le revoir.

« Je pourrais bien vous promettre de ne vous jamais quitter tout à fait, mais j'ai tant envie de revoir mon père que je mourrai de douleur si vous me refusez ce plaisir.

— J'aime mieux mourir moi-même, dit le monstre, que de vous donner du chagrin. Je vous enverrai chez votre père, vous y resterez, et votre pauvre Bête en mourra de douleur.

— Non, lui dit la Belle en pleurant, je vous aime trop pour vouloir causer votre mort. Je vous promets de revenir dans huit jours. Vous m'avez fait voir que mes sœurs sont mariées et que mes frères sont partis pour l'armée. Mon père est tout seul : acceptez que je reste chez lui une semaine.

— Vous y serez demain au matin, dit la Bête. Mais souvenez-vous de votre promesse : vous n'aurez qu'à mettre votre bague sur une table en vous couchant quand vous voudrez revenir. Adieu, la Belle ! »

La Bête soupira, selon sa coutume, en disant ces mots, et la Belle se coucha, toute triste de l'avoir affligée. Quand elle se réveilla, le matin, elle se trouva dans la maison de son père et, ayant sonné une clochette qui était à côté du lit, elle vit venir la servante qui poussa un grand cri en la voyant. Le bonhomme accourut à ce cri et manqua de mourir de joie en revoyant sa chère fille, et ils se tinrent embrassés plus d'un quart d'heure.

La Belle, après les premiers transports, pensa qu'elle n'avait point d'habits pour se lever ; mais la servante lui dit qu'elle venait de trouver dans la chambre voisine un grand coffre plein de robes d'or, garnies de diamants. Belle remercia la bonne Bête de ses attentions. Elle prit la moins riche de ces robes et dit à la servante de ranger les autres dont elle voulait faire présent à ses sœurs. Mais à peine eut-elle prononcé ces paroles que le coffre disparut. Son père lui dit que la Bête voulait qu'elle gardât tout cela pour elle, et aussitôt les robes et le coffre revinrent à la même place.

La Belle s'habilla et, pendant ce temps, on alla avertir ses sœurs qui accoururent avec leurs maris. Elles étaient toutes deux fort malheureuses. L'aînée avait épousé un jeune gentilhomme beau comme l'Amour ; mais il était si amoureux de sa propre figure qu'il n'était occupé que de cela depuis le matin jusqu'au soir. La seconde avait épousé un homme qui avait beaucoup d'esprit, mais il ne s'en servait que pour faire enrager tout le monde, à commencer par sa femme. Les sœurs de la Belle manquèrent de mourir de douleur quand elles la virent habillée comme une princesse, et plus belle que le jour. Rien ne put étouffer leur jalousie, qui augmenta lorsque la Belle leur eut conté combien elle était heureuse. Ces deux jalouses descendirent dans le jardin pour y pleurer tout à leur aise et elles se disaient :

« Pourquoi cette petite créature est-elle plus heureuse que nous ? Ne sommes-nous pas plus aimables qu'elle ?

— Ma sœur, dit l'aînée, il me vient une pensée ! Tâchons de l'arrêter ici plus de huit jours : sa sotte Bête se mettra en colère de ce qu'elle lui aura manqué de parole et peut-être qu'elle la dévorera.

— Vous avez raison, ma sœur, répondit l'autre. Nous ferons tout pour la retenir ici. »

Et, ayant pris cette résolution, elles remontèrent et firent tant d'amitiés à leur sœur que la Belle en pleura de joie.

Quand les huit jours furent passés, les deux sœurs s'arrachèrent les cheveux, feignirent tellement d'être affligées de son départ que la Belle promit de rester encore huit jours.

Cependant Belle se reprochait le chagrin qu'elle allait donner à sa pauvre Bête qu'elle aimait de tout son cœur. Elle s'ennuyait aussi de ne plus la voir.

La dixième nuit qu'elle passa chez son père, elle rêva qu'elle était dans le jardin du palais et qu'elle voyait la Bête couchée sur l'herbe, et prête à mourir, qui lui reprochait son ingratitude. La Belle se réveilla en sursaut et versa des larmes. « Ne suis-je pas bien méchante, dit-elle, de donner du chagrin à une bête qui a pour moi tant de complaisance ! Est-ce sa faute si elle est si laide ? et si elle a peu d'esprit ? Elle est bonne, cela vaut mieux que tout le reste. Pourquoi n'ai-je pas voulu l'épouser ? Je serais plus heureuse avec elle que mes sœurs avec leurs maris. Ce n'est ni la beauté ni l'esprit d'un mari qui rendent une femme contente, c'est la bonté du caractère, la vertu, et la Bête a toutes ces bonnes qualités. Je n'ai point d'amour pour elle, mais j'ai de l'estime, de l'amitié et de la reconnaissance. Allons, il ne faut pas la rendre malheureuse ! Je me reprocherais toute ma vie mon ingratitude. »

À ces mots, Belle se lève, met sa bague sur la table et revient se coucher. À peine fut-elle dans son lit qu'elle s'endormit.

Quand elle se réveilla le matin, elle vit avec joie qu'elle était dans le palais de la Bête. Elle s'habilla magnifiquement pour lui plaire et s'ennuya à mourir toute la journée, en attendant neuf heures du soir ; mais l'horloge eut beau sonner, la Bête ne parut point. La Belle alors craignit d'avoir causé sa mort. Elle courut tout le palais en jetant de grands cris ; elle était au désespoir. Après avoir cherché partout, elle se souvint de son rêve et courut dans le jardin vers le canal où elle l'avait vue en dormant.

Elle trouva la pauvre Bête étendue, sans connaissance et crut qu'elle était morte. Elle se jeta sur son corps sans avoir horreur de sa figure et, sentant que son cœur battait encore, elle prit de l'eau dans le canal et lui en jeta sur la tête. La Bête ouvrit les yeux et dit à la Belle :

« Vous avez oublié votre promesse ! Le chagrin de vous avoir perdue m'a fait résoudre à me laisser mourir de faim ; mais je meurs content puisque j'ai le plaisir de vous revoir encore une fois.

— Non, ma chère Bête, vous ne mourrez point ! lui dit la Belle. Vous vivrez pour devenir mon époux. Dès ce moment, je vous donne ma main et je jure que je ne serai qu'à vous. Hélas ! je croyais n'avoir que de l'amitié pour vous, mais la douleur que je sens me fait voir que je ne pourrais vivre sans vous voir. »

À peine la Belle eut-elle prononcé ces paroles qu'elle vit le château brillant de lumières. Les feux d'artifice, la musique, tout lui annonçait une fête ; mais toutes ces beautés n'arrêtèrent point sa vue. Elle se retourna vers sa chère Bête dont l'état faisait frémir. Quelle ne fut pas sa surprise ? La Bête avait disparu, et elle ne vit plus à ses pieds qu'un prince plus beau que l'Amour, qui la remerciait d'avoir rompu son enchantement.

Quoique ce prince méritât toute son attention, elle ne put s'empêcher de lui demander où était la Bête.

« Vous la voyez à vos pieds, lui dit le prince. Une méchante fée m'avait condamné à rester sous cette figure jusqu'à ce qu'une belle fille consentît à m'épouser, et elle m'avait défendu de faire paraître mon esprit. Ainsi il n'y avait que

vous dans le monde pour vous laisser toucher par la bonté de mon caractère : en vous offrant ma couronne, je ne puis m'acquitter des obligations que j'ai pour vous. »

La Belle, agréablement surprise, donna la main à ce beau prince pour le relever. Ils allèrent ensemble au château et la Belle manqua mourir de joie en trouvant, dans la grand-salle, son père et toute sa famille, que la belle dame qui lui était apparue en songe avait transportés au château.

« Belle, lui dit cette dame, qui était une grande fée, venez recevoir la récompense de votre bon choix : vous avez préféré la vertu à la beauté et à l'esprit. Vous méritez de trouver toutes ces qualités réunies en une même personne. Vous allez devenir une grande reine : j'espère que le trône ne détruira pas vos vertus. Pour vous, mesdemoiselles, dit la fée aux deux sœurs de Belle, je connais votre cœur et toute la malice qu'il renferme. Devenez deux statues, mais conservez toute votre raison sous la pierre qui vous enveloppera. Vous demeurerez à la porte du palais de votre sœur, et je ne vous impose point d'autre peine que d'être témoins de son bonheur. Vous ne pourrez revenir dans votre premier état qu'au moment où vous recon-

naîtrez vos fautes. Mais j'ai bien peur que vous ne restiez toujours statues. On se corrige de l'orgueil, de la colère, de la gourmandise et de la paresse, mais c'est une espèce de miracle que la conversion d'un cœur méchant et envieux. »

Dans le moment, la fée donna un coup de baguette qui transporta tous ceux qui étaient dans cette salle dans le royaume du prince. Ses sujets le virent avec joie, et il épousa la Belle, qui vécut avec lui fort longtemps, et dans un bonheur parfait, parce qu'il était fondé sur la vertu.

La princesse Rosette

par Madame d'Aulnoy

Il était une fois un roi et une reine qui avaient deux beaux garçons : ils croissaient comme le jour, tant ils se faisaient bien nourrir. La reine n'avait jamais d'enfant qu'elle n'envoyât convier les fées à leur naissance ; elle les priait toujours de lui dire ce qui leur devait arriver.

Elle donna naissance à une belle petite fille, qui était si jolie, qu'on ne la pouvait voir sans l'aimer. La reine ayant bien régalé toutes les fées qui étaient venues la voir, quand elles furent prêtes à s'en aller, elle leur dit :

« N'oubliez pas votre bonne coutume et dites-moi ce qui arrivera à Rosette. » (C'est ainsi que l'on appelait la petite princesse.)

Les fées lui dirent qu'elles avaient oublié leur grimoire à la maison, qu'elles reviendraient une autre fois la voir.

« Ah ! dit la reine, cela ne m'annonce rien de bon ; vous ne voulez pas m'affliger par une mauvaise prédiction. Mais, je vous en prie, que je sache tout ; ne me cachez rien. »

Elles s'en excusaient bien fort, et la reine avait encore bien plus envie de savoir ce que c'était. Enfin, la plus jeune des fées lui dit :

« Nous craignons, madame, que Rosette ne cause un grand malheur à ses frères ; qu'ils ne meurent dans quelque affaire pour elle. Voilà tout ce que nous pouvons deviner sur cette belle petite fille : nous sommes bien fâchées de n'avoir pas de meilleures nouvelles à vous apprendre. »

Elles s'en allèrent ; et la reine resta si triste, si triste, que le roi s'en aperçut à sa mine. Il lui demanda ce qu'elle avait : elle répondit qu'elle s'était approchée trop près du feu, et qu'elle avait brûlé tout le lin qui était sur sa quenouille.

« N'est-ce que cela ? » dit le roi.

Il monta dans son grenier et lui apporta plus de lin qu'elle n'en pouvait filer en cent ans.

La reine continua d'être triste : il lui demanda ce qu'elle avait. Elle lui dit qu'étant au bord de la rivière, elle avait laissé tomber sa pantoufle de satin vert dans le cours d'eau.

« N'est-ce que cela ? » dit le roi.

Il envoya quérir tous les cordonniers de son royaume, et apporta dix mille pantoufles de satin vert à la reine.

Celle-ci continua d'être triste : il lui demanda ce qu'elle avait. Elle lui dit qu'en mangeant de trop bon appétit, elle avait avalé sa bague de noce, qui était à son doigt. Le roi découvrit qu'elle mentait car il avait caché cette bague, et lui dit :

« Ma chère femme, vous mentez ! voilà votre bague que j'ai cachée dans ma bourse. »

Dame ! elle fut bien attrapée d'être prise à mentir (car c'est la chose la plus laide du monde), et elle vit que le roi boudait. C'est pourquoi elle lui dit ce que les fées avaient prédit de la petite Rosette, et que s'il savait quelque bon remède, il le dît.

Le roi s'attrista beaucoup. Il avoua enfin à la reine :

« Je ne sais point d'autre moyen de sauver nos deux fils, qu'en faisant mourir Rosette. »

Mais la reine s'écria qu'elle n'y survivrait pas.

On apprit cependant à la reine qu'il y avait dans un grand bois un vieil ermite, qui couchait dans le tronc d'un arbre, que l'on allait consulter de partout. « Il faut que j'y aille aussi, dit la reine, les fées m'ont annoncé le mal, mais elles ont oublié le remède. »

Elle monta de bon matin sur une belle petite mule blanche, toute ferrée d'or, avec deux de ses demoiselles, qui avaient chacune un joli cheval. Quand elles furent auprès du bois, la reine et ses demoiselles descendirent de cheval et se rendirent à l'arbre où l'ermite demeurait. Il n'aimait guère voir des femmes ; mais quand il reconnut la reine il lui dit :

« Soyez la bienvenue ! Que me voulez-vous ? »

Elle lui conta ce que les fées avaient dit de Rosette, et lui demanda conseil. Il lui répondit qu'il fallait cacher la princesse dans une tour, sans qu'elle en sortît jamais. La reine le remercia, lui fit une bonne aumône, et revint tout raconter au roi.

Quand le roi sut ces nouvelles, il fit rapidement bâtir une grosse tour. Il y mit sa fille et, pour qu'elle ne s'ennuyât point, le roi, la reine et les deux frères allaient la voir tous les jours.

L'aîné s'appelait le grand prince, et le cadet, le petit prince. Ils aimaient leur sœur passionnément car elle était la plus belle et la plus gracieuse que l'on eût jamais vue, et le moindre de ses regards valait mieux que cent pistoles.

Quand elle eut quinze ans, le grand prince dit au roi :

« Ma sœur est assez grande pour être mariée : n'irons-nous pas bientôt à la noce ? »

Le petit prince en dit autant à la reine, mais Leurs Majestés leur firent des réponses évasives.

Mais le roi et la reine tombèrent malades. Ils moururent tous deux le même jour.

La cour s'habilla de noir, et l'on sonna les cloches partout. Rosette était inconsolable de la mort de sa maman.

Quand le roi et la reine eurent été enterrés, les marquis et les ducs du royaume firent monter le grand prince sur un trône d'or et de diamants, avec une belle couronne sur sa tête, et des habits de velours violet, chamarrés de soleils et de lunes. Et puis toute la cour cria trois fois : « Vive le roi ! » L'on ne songea plus qu'à se réjouir.

Le roi et son frère décidèrent : « À présent que nous sommes les maîtres, il faut retirer notre sœur de la tour où elle s'ennuie depuis longtemps. » Ils n'eurent qu'à traverser le jardin pour aller à la tour, qu'on avait bâtie la plus haute que l'on avait pu car le roi et la reine défunts voulaient qu'elle y demeurât toujours.

Rosette brodait une belle robe sur un métier qui était là devant elle ; mais quand elle vit ses frères, elle se leva et prit la main du roi, lui disant :

« Bonjour, sire ! Vous êtes à présent le roi, et moi votre petite servante. Je vous prie de me retirer de la tour où je m'ennuie fort. »

Et, là-dessus, elle se mit à pleurer. Le roi l'embrassa, et lui dit de ne point pleurer ; qu'il venait pour l'ôter de la tour, et la mener dans un beau château. Le prince avait ses poches pleines de dragées, qu'il donna à Rosette.

« Allons, lui dit-il, sortons de cette vilaine tour ! Le roi te mariera bientôt ! Ne t'afflige point ! »

Quand Rosette vit le beau jardin tout rempli de fleurs, de fruits, de fontaines, elle demeura si étonnée qu'elle ne pouvait pas dire un mot, car elle n'avait encore jamais rien vu d'aussi beau.

Elle regardait de tous côtés ; elle marchait, elle s'arrêtait ; elle cueillait des fruits sur les arbres, et des fleurs dans le parterre : son petit chien, appelé Frétillon, qui était vert comme un perroquet, qui n'avait qu'une oreille, et qui dansait à ravir, allait devant elle, faisant jap, jap, jap, avec mille sauts et mille cabrioles.

Frétillon réjouissait fort la compagnie. Il se mit tout d'un coup à courir dans un petit bois. La princesse le suivit et fut émerveillée de voir, dans ce bois, un grand paon qui faisait la roue et qui lui parut si beau, si beau, qu'elle n'en pouvait détourner ses yeux.

Le roi et le prince arrivèrent auprès d'elle, et lui demandèrent à quoi elle s'amusait. Elle leur montra le paon, et leur demanda ce que c'était que cela. Ils lui dirent que c'était un oiseau dont on mangeait quelquefois.

« Quoi ! dit-elle, on ose tuer un si bel oiseau, et le manger ? Je vous déclare que je ne me marierai jamais qu'au roi des paons, et quand j'en serai la reine, j'empêcherai bien que l'on en mange. »

L'on ne peut dire l'étonnement du roi.

« Mais, ma sœur, lui dit-il, où voulez-vous que nous trouvions le roi des paons ?

— Où il vous plaira, sire ! Mais je ne me marierai qu'à lui ! »

Après avoir pris cette résolution, les deux frères la conduisirent à leur château, où il fallut apporter le paon, et le mettre dans sa chambre. Les dames qui n'avaient pas encore vu Rosette, accoururent pour la saluer : les unes lui apportèrent des confitures, les autres du sucre ; les autres des robes d'or, de beaux rubans, des poupées, des souliers en broderie, des perles, des diamants.

Pendant qu'elle causait avec des amis, le roi et le prince songeaient à trouver le roi des paons, s'il y en avait un au monde. Ils s'avisèrent qu'il fallait faire un portrait de la princesse Rosette ; et ils le firent faire si beau, qu'il ne lui manquait que la parole et lui dirent :

« Puisque vous ne voulez épouser que le roi des paons, nous allons partir ensemble, et nous irons le chercher par toute la terre. Prenez soin de notre royaume en attendant que nous revenions. »

Rosette les remercia de la peine qu'ils prenaient ; elle leur dit qu'elle gouvernerait bien le royaume, et qu'en leur absence tout son plaisir serait de regarder le beau paon et de faire danser Frétillon. Ils ne purent s'empêcher de pleurer en se disant adieu.

Voilà les deux princes partis, qui demandaient à tout le monde :

« Ne connaissez-vous point le roi des paons ?

— Non, non ! »

Ils passaient et allaient encore plus loin. Comme cela, ils allèrent si loin, si loin, que personne n'a jamais été si loin.

Ils arrivèrent au royaume des hannetons : il ne s'en est point encore tant vu ; ceux-ci faisaient un si grand bourdonnement que le roi avait peur de devenir sourd. Il demanda à celui qui lui parut le plus raisonnable s'il ne savait point en quel endroit il pourrait trouver le roi des paons.

« Sire, lui dit le hanneton, son royaume est à trente mille lieues d'ici. Vous avez pris le plus long chemin pour y aller.

— Et comment savez-vous cela ? dit le roi.

— C'est, répondit le hanneton, que nous vous connaissons bien, et que nous allons tous les ans passer deux ou trois mois dans vos jardins. »

Voilà le roi et son frère qui prirent le hanneton bras dessus, bras dessous : en guise d'amitié, ils dînèrent ensemble. Ils virent avec admi-

ration toutes les curiosités de ce pays-là, où la plus petite feuille d'arbre vaut une pistole. Après cela, ils partirent pour achever leur voyage, et comme ils savaient le chemin, ils ne mirent pas longtemps. Ils voyaient tous les arbres chargés de paons, et tout en était si rempli qu'on les entendait crier et parler de deux lieues.

Le roi disait à son frère :

« Si le roi des paons est un paon lui-même, comment notre sœur prétend-elle l'épouser ? Il faudrait être fou pour y consentir. Voyez la belle alliance qu'elle nous donnerait, des petits paonneaux pour neveux. »

Le prince n'était pas moins en peine :

« C'est là, dit-il, une malheureuse fantaisie qui lui est venue dans l'esprit. Je ne sais où elle a été deviner qu'il y a dans le monde un roi des paons. »

Quand ils arrivèrent à la grande ville, ils virent qu'elle était pleine d'hommes et de femmes, mais qui avaient des habits faits de plumes de paon, et qu'ils en mettaient partout comme une fort belle chose. Ils rencontrèrent le roi qui allait se promener dans un beau petit carrosse d'or et de diamants, que douze paons menaient à toute bride. Ce roi des paons était si beau, si beau, que le roi et le prince en furent charmés : il avait de longs cheveux blonds et frisés, le visage blanc, une couronne de queue de paon. Quand il les vit, il jugea que puisqu'ils avaient des habits d'une autre façon que les gens du pays, il fallait qu'ils fussent étrangers ; et pour le savoir, il arrêta son carrosse, et les fit appeler.

Le roi et le prince vinrent à lui. Ayant fait la révérence, ils lui dirent :

« Sire, nous venons de bien loin pour vous montrer un beau portrait. »

Ils tirèrent de leur valise le grand portrait de Rosette. Lorsque le roi des paons l'eut bien regardé :

« Je ne peux croire, dit-il, qu'il y ait au monde une si belle fille !

— Elle est encore cent fois plus belle, dit le roi.

— Ah ! vous vous moquez, répliqua le roi des paons.

— Sire, dit le prince, voilà mon frère qui est roi comme vous. Notre sœur, dont voici le portrait, est la princesse Rosette : nous venons vous demander si vous voulez l'épouser ; elle est belle et bien sage, et nous lui donnerons un boisseau d'écus d'or.

— Oui, dit le roi, je l'épouserai de bon cœur. Elle ne manquera de rien avec moi, je l'aimerai beaucoup : mais je vous assure que je veux qu'elle soit aussi belle que son portrait, sinon, je vous ferai mourir.

— Eh bien, nous y consentons, dirent les deux frères de Rosette.

— Vous y consentez ? ajouta le roi. Allez donc en prison, et restez-y jusqu'à ce que la princesse soit arrivée. »

Les princes le firent sans difficulté, car ils étaient bien certains que Rosette était plus belle que son portrait.

Lorsqu'ils furent dans la prison, le roi allait les voir souvent et il avait dans son château le portrait de Rosette, dont il était si fou qu'il ne dormait ni jour, ni nuit. Comme le roi et son frère étaient en prison, ils écrivirent par la poste à la princesse de faire rapidement sa malle et de venir le plus vite possible parce que, enfin, le roi des paons l'attendait. Ils ne lui dirent pas qu'ils étaient prisonniers, de peur de l'inquiéter trop.

Quand elle reçut cette lettre, elle fut tellement transportée qu'elle pensa en mourir. Elle dit à tout le monde que le roi des paons était trouvé, et qu'il voulait l'épouser. On alluma des feux de joie, on tira le canon ; l'on mangea des dragées et du sucre partout.

Elle laissa ses belles poupées à ses amies, et le royaume de son frère entre les mains des plus sages vieillards de la ville. Elle leur recommanda bien de prendre soin de tout, de ne guère dépenser, d'amasser de l'argent pour le retour du roi ; elle les pria de conserver son paon, et ne voulut emmener avec elle que sa nourrice et sa sœur de lait, avec le petit chien vert Frétillon.

Elles se mirent dans un bateau sur la mer. Elles portaient le boisseau d'écus d'or et des habits pour dix ans, à en changer deux fois par jour. Elles ne faisaient que rire et chanter. La nourrice demandait au batelier :

« Approchons-nous, approchons-nous du royaume des paons ? »

Il lui disait :

« Non, non ! »

Une autre fois elle lui demandait :

« Approchons-nous, approchons-nous ? »

Il lui disait :

« Bientôt, bientôt. »

Une autre fois elle lui dit :

« Approchons-nous, approchons-nous ? »

Il répliqua :

« Oui, oui. »

Et quand il eut dit cela, elle se mit au bout du bateau, assise auprès de lui, et lui dit :

« Si tu veux, tu seras riche à jamais. »

Il répondit :

« Je le veux bien ! »

Elle continua :

« Si tu veux, tu gagneras de bonnes pistoles. »

Il répondit :

« Je ne demande pas mieux.

— Eh bien, dit-elle, il faut que cette nuit, pendant que la princesse dormira, tu m'aides à la jeter dans la mer. Après qu'elle sera noyée, j'habillerai ma fille de ses beaux habits, et nous la mènerons au roi des paons qui sera bien aise de l'épouser ; et, pour ta récompense, nous te donnerons plein de diamants. »

Le batelier fut bien étonné de ce que lui proposait la nourrice ; il lui dit que c'était dommage de noyer une si belle princesse, qu'elle lui faisait pitié : mais elle prit une bouteille de vin, et le fit tant boire qu'il ne savait plus rien lui refuser.

La nuit étant venue, la princesse se coucha : son petit Frétillon était joliment couché au fond du lit, sans remuer ni pieds, ni pattes. Rosette dormait à poings fermés, quand la méchante nourrice, qui ne dormait pas, s'en alla quérir le batelier. Elle le fit entrer dans la chambre de la princesse ; puis, sans la réveiller, ils la prirent avec son lit de plume, son matelas, ses draps, ses couvertures. La sœur de lait les aidait de toutes ses forces. Ils jetèrent le tout à la mer ; et la princesse dormait de si bon sommeil, qu'elle ne se réveilla point.

Mais ce qu'il y eut d'heureux, c'est que son lit de plume était fait de plumes de phénix, qui sont fort rares, et qui ont cette propriété qu'elles ne vont jamais au fond de l'eau ; de sorte qu'elle nageait dans son lit, comme si elle eût été dans un bateau.

L'eau pourtant mouillait peu à peu son lit de plume, puis le matelas ; et Rosette, sentant de l'eau, eut peur d'avoir fait pipi au dodo, et d'être grondée.

Comme elle se tournait d'un côté sur l'autre, Frétillon s'éveilla. Il avait le nez excellent ; il sentait les soles et les morues de si près, qu'il se mit à japper, à japper, tant qu'il éveilla tous les autres poissons.

Ils commencèrent à nager : les gros poissons donnaient de la tête contre le lit de la princesse, qui ne tenant à rien, tournait et retournait comme une pirouette. Dame, elle était bien étonnée !

« Est-ce que notre bateau danse sur l'eau ? disait-elle. Je n'ai jamais été aussi mal à mon aise que cette nuit. »

Et toujours Frétillon qui jappait, et qui faisait une vie de désespéré. La méchante nourrice et le batelier l'entendaient de bien loin, et disaient :

« Voilà ce petit drôle de chien qui boit avec sa maîtresse à notre santé. Dépêchons-nous d'arriver ! » Car ils étaient tout près de la ville du roi des paons.

Il avait envoyé au bord de la mer cent carrosses tirés par toutes sortes de bêtes rares : il y avait des lions, des ours, des cerfs, des loups, des chevaux, des bœufs, des ânes, des aigles, des paons. Le carrosse où la princesse Rosette devait prendre place était traîné par six singes bleus, qui sautaient, qui dansaient sur la corde, qui faisaient mille tours agréables : ils avaient de beaux harnais de velours cramoisi, avec des plaques d'or. On voyait soixante jeunes demoiselles que le roi avait choisies pour la divertir. Elles étaient habillées de toutes sortes de couleurs, et l'or et l'argent étaient la moindre chose.

La nourrice avait pris grand soin de parer sa

fille ; elle lui mit les diamants de Rosette à la tête et partout, ainsi que sa plus belle robe : mais elle était avec ses ajustements plus laide qu'une guenon, ses cheveux d'un noir gras, les yeux de travers, les jambes tordues, une grosse bosse au milieu du dos, de méchante humeur et maussade, qui grognait toujours.

Quand tous les gens du roi des paons la virent sortir du bateau, ils demeurèrent si surpris, qu'ils ne pouvaient parler.

« Qu'est-ce que cela ? dit-elle. Est-ce que vous dormez ? Allons, allons, que l'on m'apporte à manger ! Vous êtes de bonnes canailles, je vous ferai tous pendre ! »

À cette nouvelle, ils se disaient : « Quelle vilaine bête ! Elle est aussi méchante que laide. Voilà notre roi bien marié, je ne m'étonne point ; ce n'était pas la peine de la faire venir du bout du monde. » Elle faisait toujours la maîtresse, et pour moins que rien elle donnait des soufflets et des coups de poing à tout le monde.

Comme son équipage était fort grand, elle allait doucement. Elle se carrait comme une reine dans son carrosse. Mais tous les paons qui s'étaient mis sur les arbres pour la saluer en passant, et qui avaient résolu de crier : « Vive la belle reine Rosette ! », quand ils l'aperçurent si horrible, ils criaient :

« Fi, fi, qu'elle est laide ! »

Elle enrageait de dépit, et disait à ses gardes :

« Tuez ces coquins de paons qui me chantent injures. »

Les paons s'envolaient bien vite et se moquaient d'elle.

Le fripon de batelier, qui voyait tout cela, disait tout bas à la nourrice :

« Commère, nous ne sommes pas bien ; votre fille devrait être plus jolie. »

Elle lui répondit :

« Tais-toi, étourdi, tu nous porteras malheur. »

L'on alla avertir le roi que la princesse approchait.

« Eh bien, dit-il, ses frères m'ont-ils dit vrai ? Est-elle plus belle que son portrait ?

— Sire, dit-on, c'est bien assez qu'elle soit aussi belle.

— Oui, dit le roi, j'en serai bien content : allons la voir ! »

Car il entendit, par le grand bruit que l'on faisait dans la cour, qu'elle arrivait, et il ne pouvait rien distinguer de ce que l'on disait, sinon : « Fi, fi, qu'elle est laide ! »

Il crut qu'on parlait de quelque naine ou de quelque bête qu'elle avait peut-être amenée avec elle, car il ne pouvait lui entrer dans l'esprit que ce fût effectivement de la jeune fille.

L'on portait le portrait de Rosette au bout d'un grand bâton tout découvert, et le roi marchait gravement après, avec tous ses barons et tous ses paons, puis les ambassadeurs des royaumes voisins. Le roi des paons était impatient de voir sa chère Rosette. Dame ! quand il l'aperçut, il faillit mourir sur place ; il se mit dans la plus grande colère du monde ; il déchira ses habits ; il ne voulait pas l'approcher : elle lui faisait peur.

« Comment, dit-il, ces deux marauds que je tiens dans mes prisons ont bien de la hardiesse de s'être moqués de moi et de m'avoir proposé d'épouser une magotte comme cela : je les ferai mourir. Allons, que l'on enferme tout à l'heure cette pimbêche, sa nourrice et celui qui les amène ! Qu'on les mette au fond de ma grande tour ! »

D'un autre côté, le roi et son frère, qui étaient prisonniers, et qui savaient que leur sœur devait arriver, s'étaient habillés de beau pour la recevoir. Au lieu de venir ouvrir la prison, et les mettre en liberté ainsi qu'ils l'espéraient, le geôlier vint avec des soldats et les fit descendre dans une cave toute noire, pleine de vilaines bêtes, où ils avaient de l'eau jusqu'au cou.

« Hélas ! se disaient-ils l'un à l'autre, voilà de tristes noces pour nous. Qu'est-ce qui peut nous procurer un si grand malheur ? »

Ils ne savaient au monde que penser, sinon qu'on voulait les faire mourir.

Trois jours se passèrent sans qu'ils entendissent parler de rien. Au bout de trois jours, le roi des paons vint leur dire des injures par un trou.

« Vous avez pris le titre de roi et de prince, leur cria-t-il, pour m'attraper et pour m'engager à épouser votre sœur ! Mais vous n'êtes tous deux que des gueux, qui ne valez pas l'eau que vous buvez. Je vais envoyer des juges qui feront bien vite votre procès. L'on file déjà la corde dont je vous ferai pendre.

— Roi des paons, répondit le roi en colère, n'allez pas si vite dans cette affaire, car vous pourriez vous en repentir. Je suis roi comme vous ; j'ai un beau royaume, des habits et des couronnes, et de bons écus ; j'y mangerais jusqu'à ma chemise.

« Ho, ho, vous êtes plaisant de nous vouloir pendre ! est-ce que nous avons volé quelque chose ? »

Quand le roi l'entendit parler si résolument, il ne savait où il en était, et il avait quelquefois envie de les laisser partir avec leur sœur sans les faire mourir. Mais son confident, qui était un vrai flatteur, l'encouragea, lui disant que s'il ne se vengeait pas, tout le monde se moquerait de lui, et qu'on le prendrait pour un petit roitelet de quatre deniers. Il jura de ne leur point pardonner, et il ordonna que l'on fît leur procès. Cela ne dura guère : il n'y eut qu'à voir le portrait de la véritable princesse Rosette auprès de celle qui était venue, et qui prétendait l'être, de sorte qu'on les condamna d'avoir le cou coupé, comme étant menteurs, puisqu'ils avaient promis une belle princesse au roi, et qu'ils ne lui avaient donné qu'une laide paysanne.

L'on alla à la prison leur lire cet arrêt ; et ils s'écrièrent qu'ils n'avaient point menti ; que leur sœur était princesse, et plus belle que le jour ; qu'il y avait quelque chose là-dessous qu'ils ne comprenaient pas, et qu'ils demandaient encore sept jours avant qu'on les fit mourir ; que peut-être pendant ce temps leur innocence serait reconnue. Le roi des paons, qui était fort en colère, eut beaucoup de peine à accorder cette grâce ; mais enfin il le voulut bien.[11]

Pendant que toutes ces affaires se passaient à la cour, il faut dire quelque chose de la pauvre princesse Rosette. Dès qu'il fit jour, elle demeura bien étonnée, et Frétillon aussi, de se voir au milieu de la mer sans bateau et sans secours. Elle se prit à pleurer, à pleurer tant et tant, qu'elle faisait pitié à tous les poissons. Elle ne savait que faire, ni que devenir. « Assurément, disait-elle, j'ai été jetée dans la mer par l'ordre du roi des paons ; il s'est repenti de m'épouser, et pour se défaire de moi, il m'a fait noyer. Voilà un étrange homme, continua-t-elle. Je l'aurais tant aimé ! Nous aurions fait si bon ménage ! » Là-dessus elle pleurait plus fort, car elle ne pouvait s'empêcher de l'aimer.

Elle demeura deux jours ainsi, flottant d'un côté et de l'autre de la mer, mouillée jusqu'aux os, enrhumée à mourir, et presque transie. Si ce n'avait été le petit Frétillon qui lui réchauffait un peu le cœur, elle serait morte cent fois.

Elle avait une faim épouvantable ; elle vit des

huîtres à l'écaille ; elle en prit autant qu'elle en voulut, et elle en mangea. Frétillon ne les aimait guère ; il fallut pourtant bien qu'il s'en nourrît. Quand la nuit venait, une grande peur prenait Rosette, et elle disait à son chien :

« Frétillon, jappe toujours, de crainte que les soles ne nous mangent. »[12]

Il avait jappé toute la nuit, et le lit de la princesse n'était pas bien loin du bord de l'eau. En ce lieu-là, il y avait un bon vieillard qui vivait tout seul dans une petite chaumière où personne n'allait jamais : il était fort pauvre, et ne se souciait pas des biens du monde. Quand il entendit japper Frétillon, il fut tout étonné car il ne passait guère de chiens par là. Il crut que quelques voyageurs s'étaient égarés. Il sortit pour les remettre charitablement dans leur chemin. Tout d'un coup il aperçut la princesse et Frétillon qui nageaient sur la mer ; et la princesse, le voyant, lui tendit les bras et lui cria :

« Bon vieillard, sauvez-moi, car je périrai ici ; il y a deux jours que je languis. »

Lorsqu'il l'entendit parler si tristement, il en eut pitié, et rentra dans sa maison pour prendre un long crochet. Il s'avança dans l'eau jusqu'au cou, et pensa deux ou trois fois être noyé. Enfin

il tira tant qu'il amena le lit jusqu'au bord de l'eau. Rosette et Frétillon furent bien aises d'être sur la terre. Elle remercia bien fort le bonhomme, et prit sa couverture dont elle s'enveloppa. Puis, toute nu-pieds elle entra dans la chaumière, où il lui alluma un petit feu de paille sèche, et tira de son coffre le plus bel habit de feu sa femme, avec des bas et des souliers dont la princesse s'habilla. Ainsi vêtue en paysanne, elle était belle comme le jour, et Frétillon dansait autour d'elle pour la divertir.

Le vieillard voyait bien que Rosette était quelque grande dame, car les couvertures de son lit étaient toutes d'or et d'argent, et son matelas de satin. Il la pria de lui conter son histoire, et qu'il n'en dirait mot si elle le souhaitait. Elle lui apprit tout d'un bout à l'autre, pleurant bien fort, car elle croyait toujours que c'était le roi des paons qui l'avait fait noyer.

« Comment ferons-nous, ma fille ? lui dit le vieillard. Vous êtes une si grande princesse, accoutumée à manger de bons morceaux, et moi je n'ai que du pain noir et des raves. Vous allez faire méchante chère, et si vous m'en vouliez croire, j'irais dire au roi des paons que vous êtes ici : certainement, s'il vous avait vue, il vous épouserait.

— Ah ! c'est un méchant, dit Rosette, il me ferait mourir : mais si vous avez un petit panier, il faut l'attacher au cou de mon chien, et il y aura bien du malheur s'il ne rapporte la provision. »

Le vieillard donna un panier à la princesse ; elle l'attacha au cou de Frétillon, et lui dit :

« Va-t'en au meilleur pot de la ville, et me rapporte ce qu'il y a dedans. »

Frétillon court à la ville ; comme il n'y avait point de meilleur pot que celui du roi, il entre dans sa cuisine, il découvre le pot, prend adroitement tout ce qui était dedans, et revient à la maison. Rosette lui dit :

« Retourne à l'office et prends ce qu'il y aura de meilleur. »

Frétillon retourne à l'office, et prend du vin blanc, du vin muscat, toutes sortes de fruits et de confitures : il était si chargé qu'il n'en pouvait plus.

Quand le roi des paons voulut dîner, il n'y avait rien dans son pot ni dans son office. Chacun se regardait, et le roi était dans une colère horrible.

« Eh bien, dit-il, je ne dînerai donc point ! Mais que ce soir on mette la brioche au feu, et que j'aie de bons rôtis. »

Le soir étant venu, la princesse dit à Frétillon :

« Va-t'en à la ville, entre dans la meilleure cuisine, et m'apporte de bons rôtis. »

Frétillon fit comme sa maîtresse lui avait commandé, et ne sachant point de meilleure cuisine que celle du roi, il y entra tout doucement. Pendant que les cuisiniers avaient le dos tourné, il prit le rôti qui était à la broche ; il avait une mine excellente et, à voir seulement, faisait appétit. Frétillon rapporta son panier plein à la princesse. Elle le renvoya aussitôt à l'office, et il apporta toutes les compotes et les dragées du roi.

Le roi, qui n'avait pas dîné, ayant grand-faim, voulut souper de bonne heure ; mais il n'y avait rien : il se mit dans une colère effroyable, et alla se coucher sans souper. Le lendemain au dîner et au souper, il en fut de même ; de sorte que le roi resta trois jours sans boire ni manger, parce que quand il allait se mettre à table, l'on trouvait que tout était pris.

Son confident fort en peine, craignant la

mort du roi, se cacha dans un petit coin de la cuisine, et il avait toujours les yeux sur la marmite qui bouillait. Il fut bien étonné de voir entrer tout doucement un petit chien vert, qui n'avait qu'une oreille, qui découvrait le pot, et mettait la viande dans son panier. Il le suivit pour savoir où il irait ; il le vit sortir de la ville. Le suivant toujours, il fut chez le bon vieillard. En même temps il vint tout conter au roi ; que c'était chez un pauvre paysan que son bouilli et son rôti allaient soir et matin.

Le roi demeura bien étonné. Il demanda qu'on allât le chercher. Le confident, pour faire sa cour, y voulut aller lui-même et mena des archers : ils le trouvèrent qui dînait avec la princesse, mangeant le bouilli du roi. Il les fit prendre, et les attacha de grosses cordes, ainsi que Frétillon.

Quand ils furent arrivés, on alla prévenir le roi, qui répondit :

« C'est demain qu'expire le septième jour que j'ai accordé à ces affronteurs. Je les ferai mourir avec les voleurs de mon dîner. »

Puis il entra dans sa salle de justice. Le vieillard se mit à genoux, et dit qu'il allait lui conter tout. Pendant qu'il parlait, le roi regardait la belle princesse, et il avait pitié de la voir pleurer. Puis quand le bonhomme eut déclaré que c'était elle qui se nommait la princesse Rosette, qu'on avait jetée dans la mer, malgré la faiblesse où il était d'avoir été si longtemps sans manger, il fit trois sauts tout de suite, et courut l'embrasser, et lui détacher les cordes dont elle était prisonnière, lui disant qu'il l'aimait de tout son cœur.

On fut en même temps quérir les princes, qui croyaient que c'était pour les faire mourir, et qui arrivèrent fort tristes, en baissant la tête. L'on alla de même quérir la nourrice et sa fille. Quand ils se virent, ils se reconnurent tous : Rosette sauta au cou de ses frères ; la nourrice et sa fille, avec le batelier, se jetèrent à genoux et demandèrent grâce. La joie était si grande que le roi et la princesse leur pardonnèrent ; et le bon vieillard fut récompensé largement : il demeura toujours dans le palais.

Enfin le roi des paons fit toute sorte de satisfaction au roi et à son frère, témoignant sa douleur de les avoir maltraités. La nourrice rendit à Rosette ses beaux habits et son boisseau d'écus d'or, et la noce dura quinze jours. Tous furent heureux, jusqu'à Frétillon, qui ne mangeait plus que des ailes de perdrix.

Le ciel veille pour nous, et lorsque l'innocence
Se trouve en un pressant danger,
Il sait embrasser sa défense,
La délivrer et la venger.
À voir la timide Rosette,
Ainsi qu'un Alcion, dans son petit berceau,
Au gré des vents voguer sur l'eau,
On sent en sa faveur une pitié secrète ;
On craint qu'elle ne trouve une tragique fin
Au milieu des flots abîmée,
Et qu'elle n'aille faire un fort léger festin
À quelque baleine affamée.
Sans le secours du ciel, sans doute, elle eût péri.
Frétillon sut jouer son rôle
Contre la morue et la sole,
Et quand il s'agissait aussi
De nourrir sa chère maîtresse.

Il en est bien en ce temps-ci
Qui voudraient rencontrer des chiens de cette espèce !
Rosette, échappée au naufrage,
Aux auteurs de ses maux accorde le pardon.
Ô vous, à qui l'on fait outrage,
Qui voulez en tirer raison,
Apprenez qu'il est beau de pardonner l'offense,
Après que l'on a su vaincre ses ennemis,
Et qu'on en peut tirer une juste vengeance !
La vertu vous admire, et le crime pâlit.

La belle aux cheveux d'or

par Madame d'Aulnoy

Il y avait une fois la fille d'un roi qui était si belle, qu'il n'y avait rien de si beau au monde. On la nommait la Belle aux Cheveux d'Or car ses cheveux étaient plus fins que de l'or, et blonds par merveille, tout frisés, qui lui tombaient jusque sur les pieds. Elle allait toujours couverte de ses cheveux bouclés, avec une couronne de fleurs sur la tête et des habits brochés de diamants et de perles, si bien qu'on ne pouvait la voir sans l'aimer.

Il y avait un jeune roi de ses voisins qui n'était

point marié, et qui était bien fait et bien riche. Quand il eut appris tout ce qu'on disait de la Belle aux Cheveux d'Or, bien qu'il ne l'eût point encore vue, il se prit à l'aimer si fort, qu'il en perdait le boire et le manger, et il se résolut de lui envoyer un ambassadeur pour la demander en mariage. Il fit faire un carrosse magnifique à son ambassadeur ; il lui donna plus de cent chevaux et cent laquais, et lui recommanda bien de lui amener la princesse.

Quand il eut pris congé du roi et qu'il fut parti, toute la cour ne parlait d'autre chose ; et le roi, qui ne doutait pas que la Belle aux Cheveux d'or ne consentît à ce qu'il souhaitait, lui faisait déjà faire de belles robes et des meubles admirables. Pendant que les ouvriers étaient occupés à travailler, l'ambassadeur, arrivé chez la Belle aux Cheveux d'Or, lui fit son petit message. Mais, soit qu'elle ne fût pas ce jour-là de bonne humeur, ou que le compliment ne lui semblât pas à son gré, elle répondit à l'ambassadeur qu'elle remerciait le roi, mais qu'elle n'avait point envie de se marier.

L'ambassadeur partit de la cour de cette princesse, bien triste de ne la pas amener avec lui ; il rapporta tous les présents qu'il lui avait portés de la part du roi : car elle était fort sage, et savait bien qu'il ne faut pas que les filles reçoivent rien des garçons. Aussi elle ne voulut jamais accepter les beaux diamants et le reste ; et, pour ne pas mécontenter le roi, elle prit seulement un quarteron d'épingles d'Angleterre.

Quand l'ambassadeur arriva à la grande ville du roi, où il était attendu si impatiemment, chacun s'affligea de ce qu'il n'amenait point la Belle aux Cheveux d'Or. Le roi se mit à pleurer comme un enfant : on le consolait sans en pouvoir venir à bout.

Il y avait un jeune garçon à la cour qui était beau comme le soleil, et le mieux fait de tout le royaume : à cause de sa bonne grâce et de son esprit, on le nommait Avenant. Tout le monde l'aimait, hors les envieux, qui étaient fâchés que le roi lui fit du bien et qu'il lui confiât tous les jours ses affaires.

Avenant se trouva avec des personnes qui parlaient du retour de l'ambassadeur, et qui disaient qu'il n'avait rien fait qui vaille. Il leur dit, sans y prendre garde : « Si le roi m'avait envoyé vers la Belle aux Cheveux d'Or, je suis certain qu'elle serait venue avec moi. »

Tout aussitôt ces méchantes gens vont dire au roi : « Sire, vous ne savez pas ce que dit Avenant ? Que, si vous l'aviez envoyé chez la Belle aux Cheveux d'Or, il l'aurait ramenée. Considérez bien sa malice, il prétend être plus beau que vous, et qu'elle l'aurait tant aimé, qu'elle l'aurait suivi partout. »

Voilà le roi qui se met en colère, en colère tant et tant, qu'il était hors de lui. « Ha ! ha ! dit-il, ce joli mignon se moque de mon malheur, et il se prise plus que moi. Allons, qu'on le mette dans ma grosse tour, et qu'il y meure de faim ! »

Les gardes du roi furent chez Avenant, qui ne pensait plus à ce qu'il avait dit. Ils le traînèrent en prison et lui firent mille maux. Ce pauvre garçon n'avait qu'un peu de paille pour se coucher et il serait mort sans une petite fontaine qui coulait dans le pied de la tour, dont il buvait un peu pour se rafraîchir : car la faim lui avait bien séché la bouche.

Un jour qu'il n'en pouvait plus, il disait en soupirant : « De quoi se plaint le roi ? Il n'a point de sujet qui lui soit plus fidèle que moi, je ne l'ai jamais offensé. » Le roi, par hasard, passait près de la tour : quand il entendit la voix de celui qu'il avait tant aimé, il s'arrêta pour l'écouter, malgré ceux qui étaient avec lui, qui haïssaient Avenant et qui disaient au roi : « À quoi vous amusez-vous, sire ! ne savez-vous pas que c'est un fripon ? » Le roi répondit : « Laissez-moi là, je veux l'écouter. » Ayant ouï ses plaintes, les larmes lui vinrent aux yeux. Il ouvrit la porte de la tour et l'appela.

Avenant vint tout triste se mettre à genoux devant lui, et baisa ses pieds : « Que vous ai-je fait, sire, lui dit-il, pour me traiter si durement ?

— Tu t'es moqué de moi et de mon ambassadeur, dit le roi. Tu as dit que, si je t'avais envoyé chez la Belle aux Cheveux d'Or, tu l'aurais bien amenée.

— Il est vrai, sire, répondit Avenant, que je lui aurais si bien fait connaître vos grandes qualités, que je suis persuadé qu'elle n'aurait pu s'en défendre ; et en cela je n'ai rien dit qui ne vous dût être agréable. »

Le roi trouva qu'effectivement il n'avait point de tort ; il regarda de travers ceux qui lui avaient dit du mal de son favori, et il l'emmena avec lui, se repentant bien de la peine qu'il lui avait faite.

Après l'avoir fait souper à merveille, il l'appela dans son cabinet, et lui dit : « Avenant, j'aime toujours la Belle aux Cheveux d'Or, ses refus ne m'ont point rebuté ; mais je ne sais comment m'y prendre pour qu'elle veuille m'épouser : j'ai envie de t'y envoyer pour voir si tu pourras réussir. »

Avenant répliqua qu'il était disposé à lui obéir en toutes choses, et qu'il partirait dès le lendemain.

« Oh ! dit le roi, je veux te donner un grand équipage.

— Cela n'est point nécessaire, répondit-il ; il ne me faut qu'un bon cheval, avec des lettres de votre part. »

Le roi l'embrassa, car il était ravi de le voir sitôt prêt.

Ce fut le lundi matin qu'il prit congé du roi et de ses amis, pour aller à son ambassade tout seul, sans pompe et sans bruit. Il ne faisait que rêver aux moyens d'engager la Belle aux Cheveux d'Or à épouser le roi. Il avait une écritoire dans sa poche, et, quand il lui venait quelque belle pensée à mettre dans sa harangue, il descendait de cheval et s'asseyait sous des arbres pour écrire, afin de ne rien oublier. Un matin qu'il était parti à la petite pointe du jour, en passant dans une grande prairie, il lui vint une pensée fort jolie ; il mit pied à terre, et se plaça contre des saules et des peupliers qui étaient plantés le long d'une petite rivière qui coulait au bord du pré. Après qu'il eut écrit, il regarda de tous côtés, charmé de se trouver en un si bel endroit. Il aperçut sur l'herbe une grosse carpe dorée qui bâillait et qui n'en pouvait plus, car, ayant voulu attraper de petits moucherons, elle avait sauté si hors de l'eau, qu'elle s'était élancée sur l'herbe, où elle était près de mourir. Avenant en eut pitié ; et, quoiqu'il fût jour maigre et qu'il eût pu l'emporter pour son dîner, il fut la prendre et la remit doucement dans la rivière. Dès que ma commère la carpe sent la fraîcheur de l'eau, elle commence à se réjouir, et se laisse couler jusqu'au fond ; puis revenant toute gaillarde au bord de la rivière : « Avenant, dit-elle, je vous remercie du plaisir que vous venez de me faire ; sans vous je serais morte, et vous m'avez sauvée ; je vous le revaudrai. » Après ce petit compliment, elle s'enfonça dans l'eau ; et Avenant demeura bien surpris de l'esprit et de la grande civilité de la carpe.

Un autre jour qu'il continuait son voyage, il vit un corbeau bien embarrassé : ce pauvre oiseau était poursuivi par un gros aigle (grand mangeur de corbeaux) : il était près de l'attraper, et il l'aurait avalé comme une lentille, si Avenant n'eût éprouvé de la compassion pour cet oiseau. « Voilà, dit-il, comme les plus forts oppriment les plus faibles : quelle raison a l'aigle de manger le corbeau ? » Il prend son arc qu'il portait toujours, et une flèche, puis, visant bien l'aigle, croc ! il lui décoche la flèche dans le corps et le perce de part en part. L'aigle tombe mort, et le corbeau, ravi, vient se percher sur un arbre. « Avenant, lui dit-il, vous êtes bien généreux de m'avoir secouru, moi qui ne suis qu'un misérable corbeau ; mais je ne demeurerai point ingrat, je vous le revaudrai. »

Avenant admira le bon esprit du corbeau et continua son chemin. En entrant dans un grand bois, si matin qu'il ne voyait qu'à peine son chemin, il entendit un hibou qui criait en hibou désespéré. « Ouais ! dit-il, voilà un hibou bien affligé ; il pourrait s'être laissé prendre dans quelque filet. » Il chercha de tous côtés, et enfin il trouva de grands filets que des oiseleurs avaient tendus la nuit pour attraper des oisillons. « Quelle pitié ! dit-il ; les hommes ne sont faits que pour s'entre-tourmenter, ou pour persécuter de pauvres animaux qui ne leur font ni tort ni dommage. »

Il tira son couteau et coupa les cordelettes. Le hibou prit l'essor ; mais, revenant à tire-d'aile : « Avenant, dit-il, il n'est pas nécessaire que je vous fasse une longue harangue pour vous faire comprendre l'obligation que je vous ai ; elle parle assez d'elle-même : les chasseurs allaient venir, j'étais pris, j'étais mort sans votre secours. J'ai le cœur reconnaissant, je vous le revaudrai. »

Voilà les trois plus considérables aventures qui arrivèrent à Avenant dans son voyage. Il était si pressé d'arriver, qu'il ne tarda pas à se rendre au palais de la Belle aux Cheveux d'Or. Tout y était admirable ; l'on y voyait les diamants entassés comme des pierres ; les beaux habits, le bonbon, l'argent ; c'étaient des choses merveilleuses : et il pensait en lui-même que, si elle quittait tout cela pour venir chez le roi son maître, il faudrait qu'il ait bien de la chance. Il prit un habit de brocart, des plumes incarnates et blanches ; il se peigna, se poudra, se lava le visage, mit une riche écharpe toute brodée à son cou, avec un petit panier, et dedans un beau petit chien, qu'il avait acheté en passant à Bologne. Avenant était si bien fait, si aimable, il faisait toute chose avec tant de grâce, que, lorsqu'il se présenta à la porte du palais, tous les gardes lui firent une grande révérence ; et l'on courut dire à la Belle aux Cheveux d'Or qu'Avenant, ambassadeur du roi son plus proche voisin, demandait à la voir. Sur ce nom d'Avenant, la princesse dit : « Je gagerais qu'il est joli et qu'il plaît à tout le monde.

— Vraiment oui, madame, lui dirent toutes ses filles d'honneur : nous l'avons vu du grenier où nous accommodions votre filasse, et tant qu'il est demeuré sous les fenêtres nous n'avons pu rien faire.

— Voilà qui est beau, répliqua la Belle aux Cheveux d'Or, de vous amuser à regarder les garçons ! Çà, que l'on me donne ma grande robe de satin bleu brodée, et que l'on éparpille bien mes blonds cheveux ; que l'on me fasse des guirlandes de fleurs nouvelles ; que l'on me donne mes souliers hauts et mon éventail ; que l'on balaie ma chambre et mon trône : car je veux qu'il dise partout que je suis vraiment la Belle aux Cheveux d'Or. »

Voilà toutes ses femmes qui s'empressaient de la parer comme une reine. Elles montraient tant de hâte qu'elles s'entre-cognaient et n'avançaient guère. Enfin la princesse passa dans sa galerie aux grands miroirs, pour voir si rien ne lui manquait. Puis elle monta sur son trône d'or, d'ivoire, et d'ébène, qui sentait comme un baume, et elle commanda à ses filles de prendre des instruments et de chanter tout doucement pour n'étourdir personne.

On conduisit Avenant dans la salle d'audience. Il demeura si transporté d'admiration, qu'il a dit depuis bien des fois qu'il ne pouvait presque parler. Néanmoins il reprit courage et fit sa harangue à merveille : il pria la princesse qu'il n'eût pas le déplaisir de s'en retourner sans elle.

« Gentil Avenant, lui dit-elle, toutes les raisons que vous venez de me conter sont fort bonnes, et je vous assure que je serais bien aise de vous favoriser plus qu'un autre. Mais il faut que vous sachiez qu'il y a un mois je fus me promener sur la rivière avec toutes mes dames ; et comme l'on me servit ma collation, en ôtant mon gant je tirai de mon doigt une bague qui tomba par malheur dans la rivière. Je la chérissais plus que mon royaume. Je vous laisse à juger de quelle affliction cette perte fut suivie. J'ai fait serment de n'écouter jamais aucune proposition de mariage, que l'ambassadeur qui me proposera un époux ne me rapporte ma bague. Voyez à présent ce que vous avez à faire là-dessus car quand vous me parleriez quinze jours et quinze nuits, vous ne me persuaderiez pas de changer de sentiment. »

Avenant demeura bien étonné de cette réponse. Il lui fit une profonde révérence et la pria de recevoir le petit chien, le panier et l'écharpe ; mais elle lui répliqua qu'elle ne voulait point de présents, et qu'il songeât à ce qu'elle venait de lui dire.

Quand il fut retourné chez lui, il se coucha sans souper. Son petit chien, qui s'appelait Cabriole, ne voulut pas souper non plus : il vint se mettre auprès de lui. De toute la nuit, Avenant ne cessa point de soupirer. « Où puis-je prendre une bague tombée depuis un mois dans une grande rivière ? disait-il : c'est folie d'essayer. La princesse ne m'a dit cela que pour me mettre dans l'impossibilité de lui obéir. »

Il soupirait et s'affligeait très fort. Cabriole, qui l'écoutait, lui dit : « Mon cher maître, je vous prie, ne désespérez point de votre bonne fortune : vous êtes trop aimable pour n'être pas heureux. Allons, dès qu'il fera jour, au bord de la rivière. »

Avenant lui donna deux petits coups de la

main et ne répondit rien ; mais, tout accablé de tristesse, il s'endormit.

Cabriole, voyant le jour, cabriola tant qu'il l'éveilla, et lui dit : « Mon maître, habillez-vous, et sortons. » Avenant le voulut bien. Il se lève, s'habille et descend dans le jardin, et du jardin il va insensiblement au bord de la rivière, où il se promenait son chapeau sur ses yeux et ses bras croisés l'un sur l'autre, ne pensant qu'à son départ, quand tout d'un coup il entendit qu'on l'appelait :

« Avenant ! Avenant ! » Il regarde de tous côtés et ne voit personne ; il crut rêver. Il continue sa promenade ; on le rappelle : « Avenant ! Avenant !

— Qui m'appelle ? » dit-il.

Cabriole, qui était fort petit, et qui regardait de près l'eau, lui répliqua : « Ne me croyez jamais, si ce n'est une carpe dorée que j'aperçois. »

Aussitôt la grosse carpe paraît, et lui dit : « Vous m'avez sauvé la vie dans le pré des Aliziers, où je serais restée sans vous ; je vous promis de vous le revaloir. Tenez, cher Avenant, voici la bague de la Belle aux Cheveux d'Or. »

Il se baissa et la prit dans la gueule de ma commère la carpe, qu'il remercia mille fois.

Au lieu de retourner chez lui, il fut droit au palais avec le petit Cabriole, qui était bien aise d'avoir fait venir son maître au bord de l'eau. On alla dire à la princesse qu'il demandait à la voir. « Hélas ! dit-elle, le pauvre garçon, il vient prendre congé de moi. Il a considéré que ce que je veux est impossible, et il va le dire à son maître. »

On fit entrer Avenant, qui lui présenta sa bague et lui dit : « Madame la princesse, voilà votre commandement fait ; vous plaît-il recevoir le roi mon maître pour époux ? »

Quand elle vit sa bague où il ne manquait rien, elle resta si étonnée, qu'elle croyait rêver. « Vraiment, dit-elle, gracieux Avenant, il faut que vous soyez favorisé de quelque fée ; car naturellement cela n'est pas possible.

— Madame, dit-il, je n'en connais aucune, mais j'avais bien envie de vous obéir.

— Puisque vous avez si bonne volonté, continua-t-elle, il faut que vous me rendiez un autre service, sans lequel je ne me marierai jamais. Il y a un prince, qui n'est pas éloigné d'ici, appelé Galifron, lequel s'était

mis dans l'esprit de m'épouser. Il me fit déclarer son dessein avec des menaces épouvantables, que si je le refusais il désolerait mon royaume. Mais jugez si je pouvais l'accepter : c'est un géant qui est plus haut qu'une haute tour ; il mange un homme comme un singe mange un marron. Quand il va à la campagne, il porte dans ses poches de petits canons, dont il se sert de pistolets ; et, lorsqu'il parle bien haut, ceux qui sont près de lui deviennent sourds. Je lui fis répondre que je ne voulais point me marier, et qu'il m'excusât. Depuis, il n'a cessé de me persécuter ; il tue tous mes sujets et, avant toutes choses, il faut vous battre contre lui et m'apporter sa tête. »

Avenant demeura un peu étourdi de cette proposition. Il rêva quelque temps, puis il dit : « Eh bien, madame, je combattrai Galifron. Je crois que je serai vaincu ; mais je mourrai en homme brave. »

La princesse resta bien étonnée : elle lui dit mille choses pour l'empêcher de faire cette entreprise. Cela ne servit à rien : il se retira pour aller chercher des armes et tout ce qu'il lui fallait. Quand il eut ce qu'il voulait, il remit le petit Cabriole dans son panier, monta sur son beau cheval, et fut dans le pays de Galifron. Il demandait de ses nouvelles à ceux qu'il rencontrait, et chacun lui disait que c'était un vrai démon dont on n'osait approcher : plus il entendait dire cela, plus il avait peur. Cabriole le rassurait, en lui disant : « Mon cher maître, pendant que vous vous battrez, j'irai lui mordre les jambes ; il baissera la tête pour me chasser, et vous le tuerez. » Avenant admirait l'esprit du petit chien, mais il savait assez que son secours ne suffirait pas.

Enfin, il arriva près du château de Galifron. Tous les chemins étaient couverts d'os et de carcasses d'hommes qu'il avait mangés ou mis en pièces. Il ne l'attendit pas longtemps, qu'il le vit venir à travers un bois. Sa tête dépassait les plus grands arbres, et il chantait d'une voix épouvantable :

Où sont les petits enfants
Que je les croque à belles dents ?
Il m'en faut tant, tant et tant,
Que le monde n'est suffisant.

Aussitôt Avenant se mit à chanter sur le même air :

Approche : voici Avenant,
Qui t'arrachera les dents.
Bien qu'il ne soit pas des plus grands,
Pour te battre il est suffisant.

Les rimes n'étaient pas bien régulières ; mais il fit la chanson fort vite, et c'est même un miracle qu'il ne la fît pas plus mal, car il avait horriblement peur. Quand Galifron entendit ces paroles, il regarda de tous côtés, et aperçut Avenant l'épée à la main, qui lui dit deux ou trois injures pour l'irriter. Il n'en fallut pas tant : il se mit dans une colère effroyable, et prenant une massue toute de fer, il aurait assommé du premier coup le gentil Avenant, sans un corbeau qui vint se mettre sur le haut de sa tête, et avec son bec lui donna si juste dans les yeux, qu'il les creva. Son sang coulait sur son visage. Il était comme un désespéré, frappant de tous côtés. Avenant l'évitait et lui portait de grands coups d'épée qu'il enfonçait jusqu'à la garde, et qui lui faisaient mille blessures, par où il perdit tant de sang qu'il tomba. Aussitôt Avenant lui coupa la tête, bien ravi d'avoir été si heureux ; et le corbeau, qui s'était perché sur un arbre, lui dit : « Je n'ai pas oublié le service que vous me rendîtes en tuant l'aigle qui me poursuivait. Je vous promis de m'en acquitter : je crois l'avoir fait aujourd'hui.

— C'est moi qui vous dois tout, monsieur du Corbeau, répliqua Avenant ; je demeure votre serviteur. »

Il monta aussitôt à cheval, chargé de l'épouvantable tête de Galifron.

Quand il arriva dans la ville, tout le monde le suivait et criait : « Voici le brave Avenant qui vient de tuer le monstre » ; de sorte que la princesse, qui entendit bien du bruit et qui tremblait qu'on ne lui vînt apprendre la mort d'Avenant, n'osait demander ce qui lui était arrivé ; mais elle vit entrer Avenant avec la tête du géant, qui ne laissa pas de lui faire encore peur, bien qu'il n'y eût plus rien à craindre.

« Madame, lui dit-il, votre ennemi est mort ; j'espère que vous ne refuserez plus le roi mon maître ?

— Ah ! si fait, dit la Belle aux Cheveux d'Or, je le refuserai si vous ne trouvez moyen, avant mon départ, de m'apporter de l'eau de la grotte ténébreuse. Il y a proche d'ici une grotte profonde qui a bien six lieues de tour. On trouve à l'entrée deux dragons qui empêchent qu'on y entre. Ils ont du feu dans la gueule et dans les yeux. Puis, lorsqu'on est dans la grotte, on trouve un grand trou dans lequel il faut descendre : il est plein de crapauds, de couleuvres et de serpents. Au fond de ce trou, il y a une petite cave où coule la fontaine de beauté et de santé : c'est de cette eau que je veux absolument. Tout ce qu'on en lave devient merveilleux : si l'on est belle, on demeure toujours belle ; si l'on est laide, on devient belle ; si l'on est jeune, on reste jeune ; si l'on est vieille, on devient jeune. Vous jugez bien, Avenant, que je ne quitterai pas mon royaume sans en emporter.

— Madame, lui dit-il, vous êtes si belle que cette eau vous est bien inutile ; mais je suis un malheureux ambassadeur dont vous voulez la mort : je vais aller chercher ce que vous désirez, avec la certitude de n'en pouvoir revenir. »

La Belle aux Cheveux d'Or ne changea point de dessein, et Avenant partit avec le petit chien Cabriole, pour aller à la grotte ténébreuse chercher de l'eau de beauté. Tous ceux qu'il rencontrait sur le chemin disaient : « C'est une pitié de voir un garçon si aimable aller se perdre de gaieté de cœur ; il va seul à la grotte, et quand irait-il accompagné de cent braves, il n'en pourrait venir à bout. Pourquoi la princesse ne veut-elle que des choses impossibles ? » Il continuait de marcher, et ne disait pas un mot ; mais il était bien triste.

Il arriva vers le haut d'une montagne où il s'assit pour se reposer un peu, et il laissa paître son cheval et courir Cabriole après des mouches. Il savait que la grotte ténébreuse n'était pas loin de là, il regardait s'il ne la verrait point. Enfin il aperçut un vilain rocher noir comme de l'encre, d'où sortait une grosse fumée, et au bout d'un moment un des dragons, qui jetait du feu par les yeux et par la gueule : il avait le corps jaune et vert, des griffes et une longue queue qui faisait plus de cent tours. Cabriole vit tout cela ; il ne savait où se cacher, tant il avait peur.

Avenant, tout résolu de mourir, tira son épée, descendit avec une fiole que la Belle aux Cheveux d'Or lui avait donnée pour la remplir de l'eau de beauté. Il dit à son petit chien Cabriole : « C'en est fait de moi ! je ne pourrai jamais avoir de cette eau qui est gardée par des dragons.

Quand je serai mort, remplis la fiole de mon sang, et porte-la à la princesse, pour qu'elle voie ce qu'elle me coûte ; et puis va trouver le roi mon maître et conte-lui mon malheur. »

Comme il parlait ainsi, il entendit qu'on appelait : « Avenant ! Avenant ! »

Il dit : « Qui m'appelle ? » et il vit un hibou dans le trou d'un vieil arbre, qui lui dit : « Vous m'avez retiré du filet des chasseurs où j'étais pris, et vous me sauvâtes la vie, je vous promis que je vous le revaudrais : en voici le temps. Donnez-moi votre fiole : je sais tous les chemins de la grotte ténébreuse ; je vais vous chercher de l'eau de beauté. »

Dame ! qui fut bien aise ? je vous le laisse à penser. Avenant lui donna vite la fiole, et le hibou entra sans nul empêchement dans la grotte. En moins d'un quart d'heure, il revint rapporter la bouteille bien bouchée. Avenant fut ravi. Il le remercia de tout son cœur, et, remontant la montagne, il prit le chemin de la ville bien joyeux.

Il alla droit au palais ; il présenta la fiole à la Belle aux Cheveux d'Or, qui n'eut plus rien à dire : elle remercia Avenant, et donna ordre à tout ce qu'il fallait pour partir ; puis elle se mit en voyage avec lui. Elle le trouvait bien aimable et lui disait quelquefois : « Si vous aviez voulu, je vous aurais fait roi ; nous ne serions point partis de mon royaume. » Mais il répondit : « Je ne voudrais pas faire un si grand déplaisir à mon maître pour tous les royaumes de la terre, quoique je vous trouve plus belle que le soleil. »

Enfin ils arrivèrent à la grande ville du roi, qui, sachant que la Belle aux Cheveux d'Or venait, alla au-devant d'elle et lui fit les plus beaux présents du monde. Il l'épousa avec tant de réjouissances que l'on ne parlait d'autre chose. Mais la Belle aux Cheveux d'Or, qui aimait Avenant dans le fond de son cœur, n'était heureuse que quand elle le voyait, et le louait toujours. « Je ne serais point venue sans Avenant, dit-elle au roi. Il a fallu qu'il ait fait des choses impossibles pour mon service : vous lui devez être obligé. Il m'a donné de l'eau de beauté : je ne vieillirai jamais, je serai toujours belle. »

Les envieux qui écoutaient la reine dirent au roi : « Vous n'êtes point jaloux, et vous avez sujet de l'être. La reine aime si fort Avenant qu'elle en perd le boire et le manger. Elle ne fait que parler de lui et des obligations que vous lui avez, comme si tel autre que vous auriez envoyé n'en eût pas fait autant. »

Le roi dit : « Vraiment, je m'en aperçois ; qu'on aille le mettre dans la tour avec les fers aux pieds et aux mains. »

On prit Avenant, et, pour sa récompense d'avoir si bien servi le roi, on l'enferma dans la tour avec les fers aux pieds et aux mains. Il ne voyait personne que le geôlier, qui lui jetait un morceau de pain noir par un trou, et de l'eau dans une écuelle de terre. Pourtant son petit chien Cabriole ne le quittait point ; il le consolait et venait lui dire toutes les nouvelles.

Quand la Belle aux Cheveux d'Or sut sa disgrâce, elle se jeta aux pieds du roi, et, tout en pleurs, elle le pria de faire sortir Avenant de prison. Mais plus elle le priait, plus il se fâchait, songeant : « C'est qu'elle l'aime » ; et il n'en voulut rien faire. Elle n'en parla plus ; elle était bien triste.

Le roi s'avisa qu'elle ne le trouvait peut-être pas assez beau ; il eut envie de se frotter le visage avec de l'eau de beauté, afin que la reine l'aimât plus qu'elle ne faisait. Cette eau était dans une fiole sur le bord de la chemi-

née de la chambre de la reine, elle l'avait mise là pour la regarder plus souvent ; mais une de ses femmes de chambre, voulant tuer une araignée avec un balai, jeta par malheur la fiole par terre, qui se cassa, et toute l'eau fut perdue. Elle balaya vitement, et, ne sachant que faire, elle se souvint qu'elle avait vu dans le cabinet du roi une fiole toute semblable pleine d'eau claire comme était l'eau de beauté ; elle la prit adroitement sans rien dire, et la porta sur la cheminée de la reine.

L'eau qui était dans le cabinet du roi servait à faire mourir les princes et les grands seigneurs quand ils étaient criminels ; au lieu de leur couper la tête ou de les pendre, on leur frottait le visage de cette eau : ils s'endormaient, et ne se réveillaient plus. Un soir donc, le roi prit la fiole et se frotta bien le visage, puis il s'endormit et mourut. Le petit chien Cabriole l'apprit parmi les premiers et ne manqua pas de l'aller dire à Avenant, qui lui dit d'aller trouver la Belle aux Cheveux d'Or et de la faire souvenir du pauvre prisonnier.

Cabriole se glissa doucement dans la presse ; car il y avait grand bruit à la cour pour la mort du roi. Il dit à la reine : « Madame, n'oubliez pas le pauvre Avenant. » Elle se souvint aussitôt des peines qu'il avait souffertes à cause d'elle et de sa grande fidélité. Elle sortit sans parler à personne, et fut droit à la tour, où elle ôta elle-même les fers des pieds et des mains d'Avenant. Et, lui mettant une couronne d'or sur la tête et le manteau royal sur les épaules, elle lui dit : « Venez, aimable Avenant, je vous fais roi et vous prends pour mon époux. »

Il se jeta à ses pieds et la remercia. Chacun fut ravi de l'avoir pour maître. Il se fit la plus belle noce du monde, et la Belle aux Cheveux d'Or vécut longtemps avec le bel Avenant, tous deux heureux et satisfaits.

Si par hasard un malheureux
Te demande ton assistance,
Ne lui refuse point un secours généreux :
Un bienfait tôt ou tard reçoit sa récompense.
Quand Avenant, avec tant de bonté,
Servati carpe et corbeau ; quand jusqu'au hibou même,
Sans être rebuté de sa laideur extrême,
Il conservait la liberté !
Aurait-on jamais pu le croire,
Que ces animaux quelque jour
Le conduiraient au comble de la gloire,
Lorsqu'il voudrait du roi servir le tendre amour ?
Malgré tous les attraits d'une beauté charmante,
Qui commençait pour lui de sentir des désirs,
Il conserve à son maître, étouffant ses soupirs,
Une fidélité constante.

Toutefois, sans raison, il se voit accusé ;
Mais, quand à son bonheur il paraît plus d'obstacle,
Le Ciel lui devait un miracle,
Qu'à la vertu jamais le Ciel n'a refusé.

L'oiseau bleu

par Madame d'Aulnoy

Il était une fois un roi fort riche en terres et en argent ; sa femme mourut, il en fut inconsolable. Il s'enferma huit jours entiers dans un petit cabinet, où il se cassait la tête contre les murs, tant il était affligé. On craignit qu'il ne se tuât : on mit des matelas entre la tapisserie et la muraille ; de sorte qu'il avait beau se frapper, il ne se faisait plus de mal. Tous ses sujets résolurent entre eux de l'aller voir et de lui dire ce qu'ils pourraient de plus propre à soulager sa tristesse. Les uns préparaient des discours graves et sérieux, d'autres d'agréables, et même de réjouissants ; mais cela ne faisait aucune impression sur son esprit : à peine entendait-il ce qu'on lui disait. Enfin, il se présenta devant lui une femme si couverte de crêpes noirs, de voiles, de mantes, de longs habits de deuil, et qui pleurait et sanglotait si fort et si haut, qu'il en demeura surpris. Elle lui dit qu'elle n'entreprenait point comme les autres de diminuer sa douleur, qu'elle venait pour l'augmenter, parce que rien n'était plus juste que de pleurer une bonne femme ; que pour elle, qui avait eu le meilleur de tous les maris, elle faisait bien son compte de pleurer tant qu'il lui resterait des yeux à la tête. Là-dessus elle redoubla ses cris, et le roi, à son exemple, se mit à hurler.

Il la reçut mieux que les autres ; il l'entretint des belles qualités de sa chère défunte, et elle renchérit celles de son cher défunt : ils causèrent tant et tant, qu'ils ne savaient plus que dire sur leur douleur. Quand la fine veuve vit la matière presque épuisée, elle leva un peu ses voiles, et le roi affligé se récréa la vue à regarder cette pauvre affligée, qui tournait et retournait fort à propos deux grands yeux bleus, bordés de longues paupières noires : son teint était assez fleuri. Le roi la considéra avec beaucoup d'attention ; peu à peu il parla moins de sa femme, puis il n'en parla plus du tout. La veuve disait qu'elle voulait toujours pleurer son mari ; le roi la pria de ne point immortaliser son chagrin. Pour conclusion, l'on fut tout étonné qu'il l'épousât, et que le noir se changeât en vert et en couleur de rose : il suffit très souvent de connaître le faible des gens pour entrer dans leur cœur et pour en faire tout ce que l'on veut.

Le roi n'avait eu qu'une fille de son premier mariage, qui passait pour la huitième merveille du monde, on la nommait Florine, parce qu'elle ressemblait à Flore, tant elle était fraîche, jeune et belle. On ne lui voyait guère d'habits magnifiques ; elle aimait les robes de taffetas volant, avec quelques agrafes de pierreries et force guirlandes de fleurs, qui faisaient un effet admirable quand elles étaient placées dans ses beaux cheveux. Elle n'avait que quinze ans lorsque le roi se remaria.

La nouvelle reine envoya quérir sa fille, qui avait été nourrie chez sa marraine, la fée Soussio ; mais elle n'en était ni plus gracieuse ni plus belle : Soussio y avait voulu travailler et n'avait rien gagné ; elle ne laissait pas de l'aimer chèrement. On l'appelait Truitonne, car son visage avait autant de taches de rousseur qu'une truite ; ses cheveux noirs étaient si gras et si crasseux que l'on n'y pouvait toucher, sa peau jaune distillait de l'huile. La reine ne laissait pas de l'aimer à la folie ; elle ne parlait que de la charmante Truitonne, et, comme Florine avait toutes sortes d'avantages au-dessus d'elle, la reine s'en désespérait ; elle cherchait tous les moyens possibles de la mettre mal auprès du roi. Il n'y avait point de jour que la reine et Truitonne ne fissent quelque pièce à Florine. La princesse, qui était douce et spirituelle, tâchait de se mettre au-dessus des mauvais procédés.

Le roi dit un jour à la reine que Florine et Truitonne étaient assez grandes pour être mariées, et qu'aussitôt qu'un prince viendrait à la cour, il fallait faire en sorte de lui en donner une des deux.

« Je prétends, répliqua la reine, que ma fille soit la première établie : elle est plus âgée que la vôtre, et, comme elle est mille fois plus aimable, il n'y a pas à balancer là-dessus. » Le roi, qui n'aimait point la dispute, lui dit qu'il le voulait bien et qu'il l'en faisait la maîtresse.

À quelque temps de là, on apprit que le roi

Charmant devait arriver. Jamais prince n'avait porté plus loin la galanterie et la magnificence ; son esprit et sa personne n'avaient rien qui ne répondît à son nom. Quand la reine sut ces nouvelles, elle employa tous les brodeurs, tous les tailleurs et tous les ouvriers à faire des ajustements à Truitonne. Elle pria le roi que Florine n'eût rien de neuf, et, ayant gagné ses femmes, elle lui fit voler tous ses habits, toutes ses coiffures et toutes ses pierreries le jour même que Charmant arriva, de sorte que, lorsqu'elle se voulut parer, elle ne trouva pas un ruban. Elle vit bien d'où lui venait ce bon office. Elle envoya chez les marchands pour avoir des étoffes ; ils répondirent que la reine avait défendu qu'on lui en donnât. Elle demeura donc avec une petite robe fort crasseuse, et sa honte était si grande, qu'elle se mit dans le coin de la salle lorsque le roi Charmant arriva.

La reine le reçut avec de grandes cérémonies : elle lui présenta sa fille, plus brillante que le soleil et plus laide par toutes ses parures qu'elle ne l'était ordinairement. Le roi en détourna ses yeux : la reine voulait se persuader qu'elle lui plaisait trop et qu'il craignait de s'engager, de sorte qu'elle la faisait toujours mettre devant lui.

Il demanda s'il n'y avait pas encore une autre princesse appelée Florine. « Oui, dit Truitonne en la montrant avec le doigt ; la voilà qui se cache, parce qu'elle n'est pas brave. »

Florine rougit, et devint si belle, si belle, que le roi Charmant demeura comme un homme ébloui. Il se leva promptement, et fit une profonde révérence à la princesse : « Madame, lui dit-il, votre incomparable beauté vous pare trop pour que vous ayez besoin d'aucun secours étranger.

— Seigneur, répliqua-t-elle, je vous avoue que je suis peu accoutumée à porter un habit aussi malpropre que l'est celui-ci ; et vous m'auriez fait plaisir de ne vous pas apercevoir de moi.

— Il serait impossible, s'écria Charmant, qu'une si merveilleuse princesse pût être en quelque lieu, et que l'on eût des yeux pour d'autres que pour elle.

— Ah ! dit la reine irritée, je passe bien mon temps à vous entendre. Croyez-moi, seigneur, Florine est déjà assez coquette, et elle n'a pas besoin qu'on lui dise tant de galanteries. »

Le roi Charmant démêla aussitôt les motifs qui faisaient ainsi parler la reine ; mais, comme il n'était pas de condition à se contraindre, il laissa paraître toute son admiration pour Florine, et l'entretint trois heures de suite.

La reine au désespoir, et Truitonne inconsolable de n'avoir pas la préférence sur la princesse, firent de grandes plaintes au roi et l'obligèrent de consentir que, pendant le séjour du roi Charmant, l'on enfermerait Florine dans une tour, où ils ne se verraient point. En effet, aussitôt qu'elle fut retournée dans sa chambre, quatre hommes masqués la portèrent au haut de la tour, et l'y laissèrent dans la dernière désolation ; car elle vit bien que l'on n'en usait ainsi que pour l'empêcher de plaire au roi qui lui plaisait déjà fort, et qu'elle aurait bien voulu pour époux.

Comme il ne savait pas les violences que l'on venait de faire à la princesse, il attendait l'heure de la revoir avec mille impatiences. Il voulut parler d'elle à ceux que le roi avait mis auprès de lui pour lui faire plus d'honneur ; mais, par l'ordre de la reine, ils lui dirent tout le mal qu'ils purent : qu'elle était coquette, inégale, de méchante humeur ; qu'elle tourmentait ses amis et ses domestiques ; qu'on ne pouvait être plus malpropre, et qu'elle poussait si loin l'avarice, qu'elle aimait mieux être habillée comme une petite bergère, que d'acheter de riches étoffes de l'argent que lui donnait le roi son père. À tout ce détail, Charmant souffrait et se sentait des mouvements de colère qu'il avait bien de la peine à modérer. « Non, disait-il en lui-même, il est impossible que le Ciel ait mis une âme si mal faite dans le chef-d'œuvre de la nature. Je conviens qu'elle n'était pas proprement mise quand je l'ai vue, mais la honte qu'elle en avait prouve assez qu'elle n'était point accoutumée à se voir ainsi. Quoi ! elle serait mauvaise avec cet air de modestie et de douceur qui enchante ? Ce n'est pas une chose qui me tombe sous le sens ; il m'est bien plus aisé de croire que c'est la reine qui la décrie ainsi : l'on n'est pas belle-mère pour rien ; et la princesse Truitonne est une si laide bête, qu'il ne serait point extraordinaire qu'elle portât envie à la plus parfaite de toutes les créatures. »

Pendant qu'il raisonnait là-dessus, des courtisans qui l'environnaient devinaient bien à son air qu'ils ne lui avaient pas fait plaisir de parler mal de Florine. Il y en eut un plus adroit que les autres, qui, changeant de ton et de langage pour connaître les sentiments du prince, se mit à dire des merveilles de la princesse. À ces mots il se réveilla comme d'un profond sommeil, il entra dans la conversation, la joie se répandit sur son visage. Amour, amour, que l'on te cache difficilement ! tu parais partout, sur les lèvres d'un amant, dans ses yeux, au son de sa voix ; lorsque l'on aime, le silence, la conversation, la joie ou la tristesse, tout parle de ce qu'on ressent.

La reine, impatiente de savoir si le roi Charmant était bien touché, envoya quérir ceux qu'elle avait mis dans sa confidence, et elle passa le reste de la nuit à les questionner. Tout ce qu'ils lui disaient ne servait qu'à confirmer l'opinion où elle était, que le roi aimait Florine. Mais que vous dirai-je de la mélancolie de cette pauvre princesse ? Elle était couchée par terre dans le donjon de cette horrible tour où les hommes masqués l'avaient emportée. « Je serais moins à plaindre, disait-elle, si l'on m'avait mise ici avant que j'eusse vu cet aimable roi : l'idée que j'en conserve ne peut servir qu'à augmenter mes peines. Je ne dois pas douter que c'est pour m'empêcher de le voir davantage que la reine me traite si cruellement. Hélas ! que le peu de beauté dont le Ciel m'a pourvue coûtera cher à mon repos ! » Elle pleurait ensuite si amèrement, si amèrement que sa propre ennemie en aurait eu pitié si elle avait été témoin de ses douleurs.

C'est ainsi que la nuit se passa. La reine, qui voulait engager le roi Charmant par tous les témoignages qu'elle pourrait lui donner de son attention, lui envoya des habits d'une richesse et d'une magnificence sans pareille, faits à la mode du pays, et l'ordre des chevaliers d'Amour qu'elle avait obligé le roi d'instituer le jour de leurs noces. C'était un cœur d'or émaillé de couleur de feu, entouré de plusieurs flèches, et percé d'une, avec ces mots : *Une seule me blesse.* La reine avait fait tailler pour Charmant un cœur d'un rubis gros comme un œuf d'autruche ; chaque flèche était d'un seul diamant, longue comme le doigt, et la chaîne où ce cœur tenait était faite de perles, dont la plus petite pesait une livre : enfin, depuis que le monde est monde, il n'avait rien paru de tel.

Le roi, à cette vue, demeura si surpris qu'il fut quelque temps sans parler. On lui présenta en même temps un livre dont les feuilles étaient de vélin, avec des miniatures admirables, la couverture d'or, chargée de pierreries ; et les statuts de l'ordre des chevaliers d'Amour y étaient écrits d'un style fort tendre et fort galant. L'on dit au roi que la princesse qu'il avait vue le priait d'être son chevalier, et qu'elle lui envoyait ce présent. À ces mots, il osa se flatter que c'était celle qu'il aimait.

« Quoi ! la belle princesse Florine, s'écria-t-il, pense à moi d'une manière si généreuse et si engageante ?

— Seigneur, lui dit-on, vous vous méprenez au nom, nous venons de la part de l'aimable Truitonne.

— C'est Truitonne qui me veut pour son chevalier ? dit le roi d'un air froid et sérieux : je suis fâché de ne pouvoir accepter cet honneur ; mais un souverain n'est pas assez maître de lui pour prendre les engagements qu'il voudrait. Je sais ceux d'un chevalier, je voudrais les remplir tous, et j'aime mieux ne pas recevoir la grâce qu'elle m'offre que de m'en rendre indigne. »

Il remit aussitôt le cœur, la chaîne et le livre dans la même corbeille ; puis il envoya tout chez la reine, qui pensa étouffer de rage avec sa fille, de la manière méprisante dont le roi étranger avait reçu une faveur si particulière.

Lorsqu'il put aller chez le roi et la reine, il se rendit dans leur appartement : il espérait que Florine y serait ; il regardait de tous côtés pour la voir. Dès qu'il entendait entrer quelqu'un dans la chambre, il tournait la tête brusquement vers la porte ; il paraissait inquiet et chagrin. La malicieuse reine devinait assez ce qui se passait dans son âme, mais elle n'en faisait pas semblant. Elle ne lui parlait que de parties de plaisir ; il lui répondait tout de travers. Enfin il demanda où était la princesse Florine.

« Seigneur, lui dit fièrement la reine, le roi son père a défendu qu'elle sorte de chez elle, jusqu'à ce que ma fille soit mariée.

— Et quelle raison, répliqua le roi, peut-on avoir de tenir cette belle personne prisonnière ?

— Je l'ignore, dit la reine ; et quand je le saurais, je pourrais me dispenser de vous le dire. »

Le roi se sentait dans une colère inconcevable ; il regardait Truitonne de travers, et songeait en lui-même que c'était à cause de ce petit monstre qu'on lui dérobait le plaisir de voir la princesse. Il quitta promptement la reine : sa présence lui causait trop de peine.

Quand il fut revenu dans sa chambre, il dit à un jeune prince qui l'avait accompagné, et qu'il aimait fort, de donner tout ce qu'on voudrait au monde pour gagner quelqu'une des femmes de la princesse, afin qu'il pût lui parler un moment.

Ce prince trouva aisément des dames du palais qui entrèrent dans la confidence ; il y en eut une qui l'assura que le soir même Florine serait à une petite fenêtre basse qui répondait sur le jardin, et que par là elle pourrait lui parler, pourvu qu'il prît de grandes précautions afin qu'on ne le sût pas, « car, ajouta-t-elle, le roi et la reine sont si sévères, qu'ils me feraient mourir s'ils découvraient que j'eusse favorisé la passion de Charmant ».

Le prince, ravi d'avoir amené l'affaire jusque-là, lui promit tout ce qu'elle voulait, et courut faire sa cour au roi, en lui annonçant l'heure du rendez-vous. Mais la mauvaise confidente ne manqua pas d'aller avertir la reine de ce qui se passait et de prendre ses ordres. Aussitôt elle pensa qu'il fallait envoyer sa fille à la petite fenêtre : elle l'instruisit bien ; et Truitonne ne manqua rien, quoiqu'elle fût naturellement une grande bête.

La nuit était si noire, qu'il aurait été impossible au roi de s'apercevoir de la tromperie qu'on lui faisait, quand même il n'aurait pas été aussi prévenu qu'il l'était ; de sorte qu'il s'approcha de la fenêtre avec des transports de joie inexprimables. Il dit à Truitonne tout ce qu'il

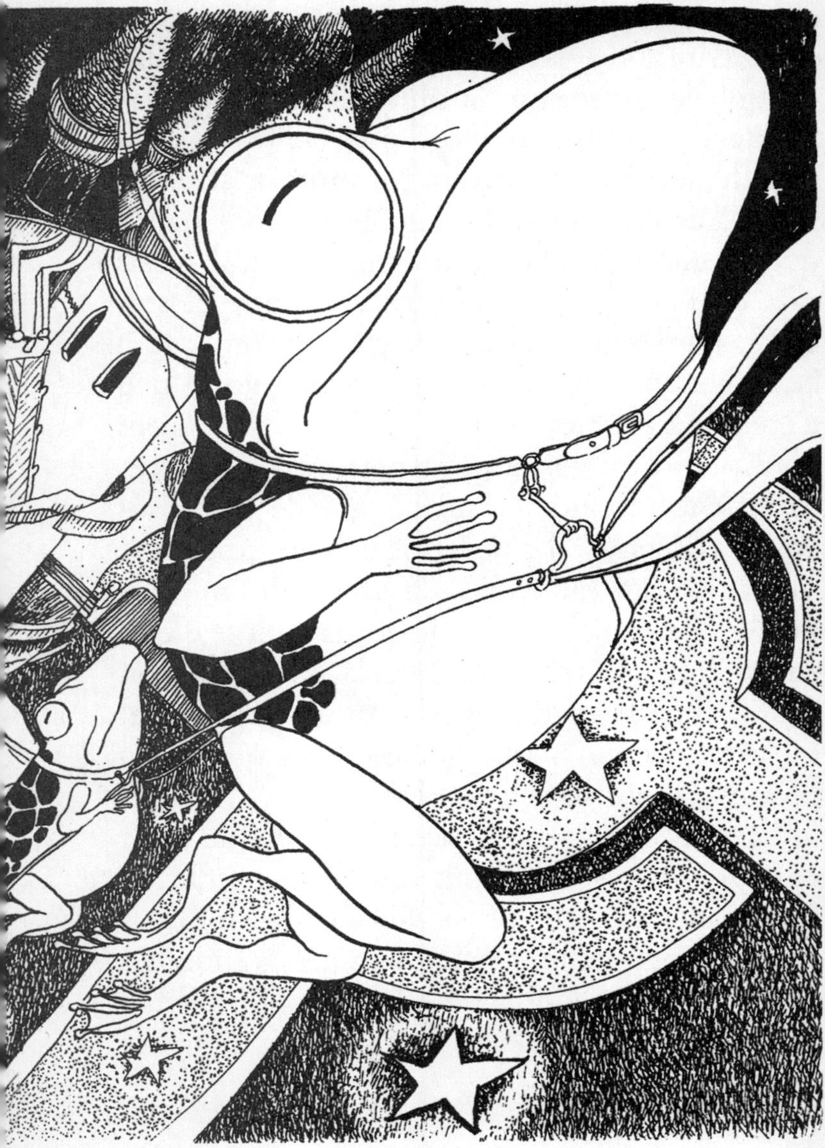

aurait dit à Florine pour la persuader de sa passion. Truitonne, profitant de la conjoncture, lui dit qu'elle se trouvait la plus malheureuse personne du monde d'avoir une belle-mère si cruelle, et qu'elle aurait toujours à souffrir jusqu'à ce que sa fille fût mariée. Le roi l'assura que, si elle le voulait pour son époux, il serait ravi de partager avec elle sa couronne et son cœur. Là-dessus, il tira sa bague de son doigt ; et, la mettant au doigt de Truitonne, il ajouta que c'était un gage éternel de sa foi, et qu'elle n'avait qu'à prendre l'heure pour partir en diligence. Truitonne répondit le mieux qu'elle put à ses empressements. Il s'apercevait bien qu'elle ne disait rien qui vaille ; et cela lui aurait fait de la peine, s'il ne se fût persuadé que la crainte d'être surprise par la reine lui ôtait la liberté de son esprit. Il ne la quitta qu'à la condition de revenir le lendemain à pareille heure ; ce qu'elle lui promit de tout son cœur.

La reine ayant su l'heureux succès de cette entrevue, elle s'en promit tout. Et, en effet, le jour étant concerté, le roi vint la prendre dans une chaise volante, traînée par des grenouilles ailées : un enchanteur de ses amis lui avait fait ce présent. La nuit était fort noire ; Truitonne sortit mystérieusement par une petite porte, et le roi, qui l'attendait, la reçut dans ses bras et lui jura cent fois une fidélité éternelle. Mais comme il n'était pas d'humeur à voler longtemps dans sa chaise volante sans épouser la princesse qu'il aimait, il lui demanda où elle voulait que les noces se fissent. Elle lui dit qu'elle avait pour marraine une fée qu'on appelait Soussio, qui était fort célèbre ; qu'elle était d'avis d'aller au château. Quoique le roi ne sût pas le chemin, il n'eut qu'à dire à ses grosses grenouilles de l'y conduire ; elles connaissaient la carte générale de l'univers et en peu de temps elles rendirent le roi et Truitonne chez Soussio. Le château était si bien éclairé, qu'en arrivant le roi aurait reconnu son erreur, si la princesse ne s'était soigneusement couverte de son voile. Elle demanda sa marraine ; elle lui parla en particulier, et lui conta comme quoi elle avait attrapé Charmant, et qu'elle la priait de l'apaiser. « Ah ! ma fille, dit la fée, la chose ne sera pas facile : il aime trop Florine ; je suis certaine qu'il va nous faire désespérer. »

Cependant le roi les attendait dans une salle dont les murs étaient de diamants, si clairs et si nets, qu'il vit au travers Soussio et Truitonne causer ensemble. Il croyait rêver. « Quoi ! disait-il, ai-je été trahi ? les démons ont-ils apporté cette ennemie de notre repos ? Vient-elle pour troubler mon mariage ? Ma chère Florine ne paraît point ! Son père l'a peut-être suivie ! »

Il pensait mille choses qui commençaient à le désoler. Mais ce fut bien pis quand elles entrèrent dans la salle et que Soussio lui dit d'un ton absolu :

« Roi Charmant, voici la princesse Truitonne, à laquelle vous avez donné votre foi ; elle est ma filleule, et je souhaite que vous l'épousiez tout à l'heure.

— Moi, s'écria-t-il, moi, j'épouserais ce petit monstre ! vous me croyez d'un naturel bien docile, quand vous me faites de telles propositions : sachez que je ne lui ai rien promis ; si elle dit autrement, elle en a...

— N'achevez pas, interrompit Soussio, et ne soyez jamais assez hardi pour me manquer de respect.

— Je consens, répliqua le roi, de vous respecter autant qu'une fée est respectable, pourvu que vous me rendiez ma princesse.

— Est-ce que je ne la suis pas, parjure ? dit Truitonne en lui montrant sa bague. À qui as-tu donné cet anneau pour gage de ta foi ? À qui as-tu parlé à la petite fenêtre, si ce n'est pas à moi ?

— Comment donc ! reprit-il, j'ai été déçu et trompé ? Non, non, je n'en serai point la dupe. Allons, allons, mes grenouilles, mes grenouilles, je veux partir tout à l'heure.

— Oh ! ce n'est pas une chose en votre pouvoir si je n'y consens », dit Soussio. Elle le toucha, et ses pieds s'attachèrent au parquet, comme si on les y avait cloués.

« Quand vous me lapideriez, lui dit le roi, quand vous m'écorcheriez, je ne serais point à une autre qu'à Florine ; j'y suis résolu, et vous pouvez après cela user de votre pouvoir à votre gré. »

Soussio employa la douceur, les menaces, les promesses, les prières. Truitonne pleura, cria, gémit, se fâcha, s'apaisa. Le roi ne disait pas un mot, et, les regardant toutes deux avec l'air du monde le plus indigné, il ne répondait rien à tous leurs verbiages.

Il se passa ainsi vingt jours et vingt nuits, sans qu'elles cessassent de parler, sans manger, sans dormir et sans s'asseoir. Enfin Soussio, à bout et fatiguée, dit au roi : « Eh bien, vous êtes un opiniâtre qui ne voulez pas entendre raison ; choisissez, ou d'être sept ans en pénitence, pour avoir donné votre parole sans la tenir, ou d'épouser ma filleule. »

Le roi, qui avait gardé un profond silence, s'écria tout d'un coup : « Faites de moi tout ce que vous voudrez, pourvu que je sois délivré de cette maussade.

— Maussade vous-même, dit Truitonne en colère : je vous trouve un plaisant roitelet, avec votre équipage marécageux, de venir jusqu'en mon pays pour me dire des injures et manquer à votre parole : si vous aviez quatre deniers d'honneur, en useriez-vous ainsi ?

— Voilà des reproches touchants, dit le roi d'un ton railleur. Voyez-vous, qu'on a tort de ne pas prendre une aussi belle personne pour sa femme !

— Non, non, elle ne le sera pas, s'écria Soussio en colère. Tu n'as qu'à t'envoler par cette fenêtre, si tu veux, car tu seras sept ans Oiseau Bleu. »

En même temps le roi change de figure : ses bras se couvrent de plumes et forment des ailes ; ses jambes et ses pieds deviennent noirs et menus ; il lui croît des ongles crochus ; son corps s'apetisse, il est tout garni de longues plumes fines et mêlées de bleu céleste ; ses yeux s'arrondissent et brillent comme des soleils ; son nez n'est plus qu'un bec d'ivoire ; il s'élève sur sa tête une aigrette blanche, qui forme une couronne ; il chante à ravir, et parle de même. En cet état il jette un cri douloureux de se voir ainsi métamorphosé, et s'envole à tire-d'aile pour fuir le funeste palais de Soussio.

Dans la mélancolie qui l'accable, il voltige de branche en branche, et ne choisit que les arbres consacrés à l'amour ou à la tristesse, tantôt sur les myrtes, tantôt sur les cyprès ; il chante des airs pitoyables, où il déplore sa méchante fortune et celle de Florine. « En quel lieu ses ennemis l'ont-ils cachée ? disait-il. Qu'est devenue cette belle victime ? La barbarie de la reine la laisse-t-elle encore respirer ? Où la chercherai-je ? Suis-je condamné à passer sept ans sans elle ? Peut-être que pendant ce temps on la mariera, et que je perdrai pour jamais l'espérance qui soutient ma vie. » Ces différentes pensées affligeaient l'Oiseau Bleu à tel point, qu'il voulait se laisser mourir.

D'un autre côté, la fée Soussio renvoya Truitonne à la reine, qui était bien inquiète comment les noces se seraient passées. Mais quand elle vit sa fille, et qu'elle lui raconta tout ce qui venait d'arriver, elle se mit dans une colère terrible, dont le contrecoup retomba sur la pauvre Florine. « Il faut, dit-elle, qu'elle se repente plus d'une fois d'avoir su plaire à Charmant. »

Elle monta dans la tour avec Truitonne, qu'elle avait parée de ses plus riches habits : elle portait une couronne de diamants sur sa tête, et trois filles des plus riches barons de l'État tenaient la queue de son manteau royal ; elle avait au pouce l'anneau du roi Charmant, que Florine remarqua le jour qu'ils parlèrent ensemble. Elle fut étrangement surprise de voir Truitonne dans un si pompeux appareil. « Voilà ma fille qui vient vous apporter des présents de sa noce, dit la reine : le roi Charmant l'a épousée, il l'aime à la folie, il n'a jamais été de gens plus satisfaits. »

Aussitôt on étale devant la princesse des étoffes d'or et d'argent, des pierreries, des dentelles, des rubans, qui étaient dans de grandes corbeilles de filigrane d'or. En lui présentant toutes ces choses, Truitonne ne manquait pas de faire briller l'anneau du roi ; de sorte que la princesse Florine ne pouvait plus douter de son malheur. Elle s'écria, d'un air désespéré, qu'on ôtât de ses yeux tous ces présents si funestes ; qu'elle ne pouvait plus porter que du noir, ou plutôt qu'elle voulait présentement mourir. Elle s'évanouit ; et la cruelle reine, ravie d'avoir si bien réussi, ne permit pas qu'on la secourût : elle la laissa seule dans le plus déplorable état du monde, et alla conter malicieusement au roi que sa fille était si transportée de tendresse que rien n'égalait les extravagances qu'elle faisait ; qu'il fallait bien se donner de garde de la laisser sortir de la tour. Le roi lui dit qu'elle pouvait gouverner cette affaire à sa fantaisie et qu'il en serait toujours satisfait.

Lorsque la princesse revint de son évanouissement, et qu'elle réfléchit sur la conduite qu'on tenait avec elle, aux mauvais traitements qu'elle recevait de son indigne marâtre, et à l'espérance qu'elle perdait pour jamais d'épouser le roi Charmant, sa douleur devint si vive, qu'elle pleura toute la nuit ; en cet état elle se mit à sa fenêtre, où elle fit des regrets fort tendres et fort touchants. Quand le jour approcha, elle la ferma et continua de pleurer.

La nuit suivante, elle ouvrit la fenêtre, elle poussa de profonds soupirs et des sanglots, elle

versa un torrent de larmes : le jour venu, elle se cacha dans sa chambre. Cependant le roi Charmant, ou pour mieux dire le bel Oiseau Bleu, ne cessait point de voltiger autour du palais ; il jugeait que sa chère princesse y était enfermée, et, si elle faisait de tristes plaintes, les siennes ne l'étaient pas moins. Il s'approchait des fenêtres le plus qu'il pouvait, pour regarder dans les chambres ; mais la crainte que Truitonne ne l'aperçût et ne se doutât que c'était lui, l'empêchait de faire ce qu'il aurait voulu. « Il y va de ma vie, disait-il en lui-même : si ces mauvaises découvraient où je suis, elles voudraient se venger ; il faudrait que je m'éloignasse, ou que je fusse exposé aux derniers dangers. » Ces raisons l'obligèrent à garder de grandes mesures, et d'ordinaire il ne chantait que la nuit.

Il y avait vis-à-vis de la fenêtre où Florine se mettait, un cyprès d'une hauteur prodigieuse : l'Oiseau Bleu vint s'y percher. Il y fut à peine, qu'il entendit une personne qui se plaignait : « Souffrirai-je encore longtemps ? disait-elle ; la mort ne viendra-t-elle point à mon secours ? Ceux qui la craignent ne la voient que trop tôt ; je la désire et la cruelle me fuit. Ah ! barbare reine, que t'ai-je fait, pour me retenir dans une captivité si affreuse ? N'as-tu pas assez d'autres endroits pour me désoler ? Tu n'as qu'à me rendre témoin du bonheur que ton indigne fille goûte avec le roi Charmant ! »

L'Oiseau Bleu n'avait pas perdu un mot de cette plainte ; il en demeura bien surpris, et il attendit le jour avec la dernière impatience, pour voir la dame affligée ; mais avant qu'il vînt, elle avait fermé la fenêtre et s'était retirée.

L'oiseau curieux ne manqua pas de revenir la nuit suivante : il faisait clair de lune. Il vit une fille à la fenêtre de la tour, qui commençait ses regrets : « Fortune, disait-elle, toi qui me flattais de régner, toi qui m'avais rendu l'amour de mon père, que t'ai-je fait pour me plonger tout d'un coup dans les plus amères douleurs ? Est-ce dans un âge aussi tendre que le mien qu'on doit commencer à ressentir ton inconstance ? Reviens, barbare, s'il est possible ; je te demande, pour toutes faveurs, de terminer ma fatale destinée. »

L'Oiseau Bleu écoutait ; et plus il écoutait, plus il se persuadait que c'était son aimable princesse qui se plaignait. Il lui dit : « Adorable Florine, merveille de nos jours, pourquoi voulez-vous finir si promptement les vôtres ? vos maux ne sont point sans remède.

— Hé ! qui me parle, s'écria-t-elle, d'une manière si consolante ?

— Un roi malheureux, reprit l'Oiseau, qui vous aime et n'aimera jamais que vous.

— Un roi qui m'aime ! ajouta-t-elle : est-ce ici un piège que me tend mon ennemie ? Mais, au fond, qu'y gagnera-t-elle ? Si elle cherche à découvrir mes sentiments, je suis prête à lui en faire l'aveu.

— Non, ma princesse, répondit-il : l'amant qui vous parle n'est point capable de vous trahir. »

En achevant ces mots, il vola sur la fenêtre. Florine eut d'abord grande peur d'un oiseau si extraordinaire, qui parlait avec autant d'esprit que s'il avait été homme, quoiqu'il conservât le petit son de voix d'un rossignol ; mais la beauté de son plumage et ce qu'il lui dit la rassura.

« M'est-il permis de vous revoir, ma princesse ? s'écria-t-il. Puis-je goûter un bonheur si parfait sans mourir de joie ? Mais, hélas ! que cette joie est troublée par votre captivité et l'état où la méchante Soussio m'a réduit pour sept ans !

— Et qui êtes-vous, charmant Oiseau ? dit la princesse en le caressant.

— Vous avez dit mon nom, ajouta le roi, et vous feignez de ne pas me connaître.

— Quoi ! le plus grand roi du monde, quoi ! le roi Charmant, dit la princesse, serait le petit oiseau que je tiens ?

— Hélas ! belle Florine, il n'est que trop vrai, reprit-il ; et, si quelque chose m'en peut consoler, c'est que j'ai préféré cette peine à celle de renoncer à la passion que j'ai pour vous.

— Pour moi ! dit Florine. Ah ! ne cherchez point à me tromper ! Je sais, je sais que vous avez épousé Truitonne ; j'ai reconnu votre anneau à son doigt : je l'ai vue toute brillante des diamants que vous lui avez donnés. Elle est venue m'insulter dans ma triste prison ; chargée d'une riche couronne et d'un manteau royal qu'elle tenait de votre main pendant que j'étais chargée de chaînes et de fers.

— Vous avez vu Truitonne en cet équipage ? interrompit le roi ; sa mère et elle ont osé vous dire que ces joyaux venaient de moi ? Ô ciel ! est-il possible que j'entende des mensonges si affreux, et que je ne puisse m'en venger aussitôt que je le souhaite ? Sachez qu'elles ont voulu me décevoir, qu'abusant de votre nom, elles m'ont engagé d'enlever cette laide Truitonne ; mais, aussitôt que je connus mon erreur, je voulus l'abandonner, et je choisis enfin d'être Oiseau Bleu sept ans de suite, plutôt que de manquer à la fidélité que vous ai vouée. »

Florine avait un plaisir si sensible d'entendre parler son aimable amant, qu'elle ne se souvenait plus des malheurs de sa prison. Que ne lui dit-elle pas pour le consoler de sa triste aventure, et pour le persuader qu'elle ne ferait pas moins pour lui qu'il n'avait fait pour elle ? Le jour paraissait, la plupart des officiers étaient déjà levés, que l'Oiseau Bleu et la princesse parlaient encore ensemble. Ils se séparèrent avec mille peines, après s'être promis que toutes les nuits ils s'entretiendraient ainsi.

La joie de s'être trouvés était si extrême, qu'il n'est point de termes capables de l'exprimer ; chacun de son côté remerciait l'amour et la fortune. Cependant Florine s'inquiétait pour l'Oiseau Bleu : « Qui le garantira des chasseurs, disait-elle, ou de la serre aiguë de quelque aigle, ou de quelque vautour affamé, qui le mangerait avec autant d'appétit que si ce n'était pas un grand roi ? Ô ciel ! que deviendrais-je si ses

plumes légères et fines, poussées par le vent, venaient jusque dans ma prison m'annoncer le désastre que je crains ? » Cette pensée empêcha que la pauvre princesse fermât les yeux : car, lorsque l'on aime, les illusions paraissent des vérités, et ce que l'on croyait impossible dans un autre temps semble aisé en celui-là, de sorte qu'elle passa le jour à pleurer, jusqu'à ce que l'heure fût venue de se mettre à sa fenêtre.

Le charmant Oiseau, caché dans le creux d'un arbre, avait été tout le jour occupé à penser à sa belle princesse. « Que je suis content, disait-il, de l'avoir retrouvée ! qu'elle est engageante ! que je sens vivement les bontés qu'elle me témoigne ! » Ce tendre amant comptait jusqu'aux moindres moments de la pénitence qui l'empêchait de l'épouser, et jamais on n'en a désiré la fin avec plus de passion. Comme il voulait faire à Florine toutes les galanteries dont il était capable, il vola jusqu'à la ville capitale de son royaume ; il alla à son palais, il entra dans son cabinet par une vitre qui était cassée ; il prit des pendants d'oreilles de diamants, si parfaits et si beaux qu'il n'y en avait point au monde qui en approchassent ; il les apporta le soir à Florine, et la pria de s'en parer. « J'y consentirais, lui dit-elle, si vous me voyiez le jour ; mais puisque je ne vous parle que la nuit, je ne les mettrai pas. » L'Oiseau lui promit de prendre si bien son temps, qu'il viendrait à la tour à l'heure qu'elle voudrait : aussitôt elle mit les pendants d'oreilles, et la nuit se passa à causer, comme s'était passée l'autre.

Le lendemain l'Oiseau Bleu retourna dans son royaume. Il alla à son palais ; il entra dans son cabinet par la vitre rompue, et il en apporta les plus riches bracelets que l'on eût encore vus : ils étaient d'une seule émeraude, taillés en facettes creuses par le milieu, pour y passer la main et le bras.

« Pensez-vous, lui dit la princesse, que mes sentiments pour vous aient besoin d'être cultivés par des présents ? Ah ! que vous me connaîtriez mal.

— Non, madame, répliquait-il, je ne crois pas que les bagatelles que je vous offre soient nécessaires pour me conserver votre tendresse ; mais la mienne serait blessée si je négligeais aucune occasion de vous marquer mon attention ; et, quand vous ne me voyez point, ces petits bijoux me rappellent à votre souvenir. »

Florine lui dit là-dessus mille choses obligeantes, auxquelles il répondit par mille autres qui ne l'étaient pas moins.

La nuit suivante, l'Oiseau amoureux ne manqua pas d'apporter à sa belle une montre d'une grandeur raisonnable, qui était dans une perle : l'excellence du travail surpassait celle de la matière.

« Il est inutile de me régaler d'une montre, dit-elle galamment ; quand vous êtes éloigné de moi, les heures me paraissent sans fin ; quand vous êtes avec moi, elles passent comme un songe : ainsi je ne puis leur donner une juste mesure.

— Hélas ! ma princesse, s'écria l'Oiseau Bleu, j'en ai la même opinion que vous, et je suis persuadé que je renchéris encore sur la délicatesse.

— Après ce que vous souffrez pour me conserver votre cœur, répliqua-t-elle, je suis en état de croire que vous avez porté l'amitié et l'estime aussi loin qu'elles peuvent aller. »

Dès que le jour paraissait, l'Oiseau volait dans le fond de son arbre, où des fruits lui servaient de nourriture. Quelquefois encore il chantait de beaux airs : sa voix ravissait les passants, ils l'entendaient et ne voyaient personne ; aussi il était conclu que c'étaient des esprits. Cette opinion devint si commune, que l'on n'osait entrer dans le bois, on rapportait mille aventures fabuleuses qui s'y étaient passées, et la terreur générale fit la sûreté particulière de l'Oiseau Bleu.

Il ne se passait aucun jour sans qu'il fît un présent à Florine : tantôt un collier de perles, ou des bagues des plus brillantes et des mieux mises en œuvre, des attaches de diamants, des poinçons, des bouquets de pierreries qui imitaient la couleur des fleurs, des livres agréables, des médailles, enfin, elle avait un amas de richesses merveilleuses. Elle ne s'en parait jamais que la nuit pour plaire au roi, et le jour, n'ayant pas d'endroit où les mettre, elle les cachait soigneusement dans sa paillasse.

Deux années s'écoulèrent ainsi sans que Florine se plaignît une seule fois de sa captivité. Et comment s'en serait-elle plainte ? elle avait la satisfaction de parler toute la nuit à ce qu'elle aimait ; il ne s'est jamais tant dit de jolies choses. Bien qu'elle ne vît personne et que l'Oiseau passât le jour dans le creux d'un arbre, ils avaient mille nouveautés à se raconter : la matière était inépuisable, leur cœur et leur esprit fournissaient abondamment des sujets de conversation.

Cependant la malicieuse reine, qui la retenait si cruellement en prison, faisait d'inutiles efforts pour marier Truitonne. Elle envoyait des ambassadeurs la proposer à tous les princes dont elle connaissait le nom : dès qu'ils arrivaient, on les congédiait brusquement. « S'il s'agissait de la princesse Florine, vous seriez reçus avec joie, leur disait-on ; mais pour Truitonne, elle peut rester vestale sans que personne s'y oppose. » À ces nouvelles, sa mère et elle s'emportaient de colère contre l'innocente princesse qu'elles persécutaient : « Quoi ! malgré sa captivité, cette arrogante nous traversera ! disaient-elles. Quel moyen de lui pardonner les mauvais tours qu'elle nous fait ? Il faut qu'elle ait des correspondances secrètes dans les pays étrangers : c'est tout au moins une criminelle d'État ; traitons-la sur ce pied, et cherchons tous les moyens possibles de la convaincre. »

Elles finirent leur conseil si tard, qu'il était plus de minuit lorsqu'elles résolurent de monter dans la tour pour l'interroger. Elle était avec l'Oiseau Bleu à la fenêtre, parée de ses pierreries, coiffée de ses beaux cheveux, avec un soin qui n'était pas naturel aux personnes affligées ; sa chambre et son lit étaient jonchés de fleurs, et quelques pastilles d'Espagne qu'elle venait de brûler répandaient une odeur excellente. La reine écouta à la porte ; elle crut entendre chanter un air à deux parties : car Florine avait une voix presque céleste. En voici les paroles, qui lui parurent tendres :

Que notre sort est déplorable,
Et que nous souffrons de tourment
Pour nous aimer trop constamment !
Mais c'est en vain qu'on nous accable
Malgré nos cruels ennemis,
Nos cœurs seront toujours unis.

Quelques soupirs finirent leur petit concert.

« Ah ! ma Truitonne, nous sommes trahies », s'écria la reine en ouvrant brusquement la porte, et se jetant dans la chambre.

Que devint Florine à cette vue ? Elle poussa promptement sa petite fenêtre, pour donner le temps à l'Oiseau royal de s'envoler. Elle était bien plus occupée de sa conservation que de la sienne propre ; mais il ne se sentit pas la force de s'éloigner : ses yeux perçants lui avaient découvert le péril auquel sa princesse était exposée. Il avait vu la reine et Truitonne ; quelle affliction de n'être pas en état de défendre sa maîtresse ! Elles s'approchèrent d'elle comme des furies qui voulaient la dévorer.

« L'on sait vos intrigues contre l'État, s'écria la reine ; ne pensez pas que votre rang vous sauve des châtiments que vous méritez.

— Et avec qui, madame ? répliqua la princesse. N'êtes-vous pas ma geôlière depuis deux ans ? Ai-je vu d'autres personnes que celles que vous m'avez envoyées ? »

Pendant qu'elle parlait, la reine et sa fille l'examinaient avec une surprise sans pareille, son admirable beauté et son extraordinaire parure les éblouissaient.

« Et d'où vous viennent, madame, dit la reine, ces pierreries qui brillent plus que le soleil ? Nous ferez-vous accroire qu'il y en a des mines dans cette tour ?

— Je les y ai trouvées, répliqua Florine ; c'est tout ce que j'en sais. »

La reine la regardait attentivement, pour pénétrer jusqu'au fond de son cœur ce qui s'y passait.

« Nous ne sommes pas vos dupes, dit-elle ; vous pensez nous en faire accroire ; mais, princesse, nous savons ce que vous faites depuis le matin jusqu'au soir. On vous a donné tous ces bijoux dans la seule vue de vous obliger à vendre le royaume de votre père.

— Je serais fort en état de le livrer ! répondit-elle avec un sourire dédaigneux ; une princesse infortunée, qui languit dans les fers depuis si longtemps, peut beaucoup dans un complot de cette nature !

— Et pour qui donc, reprit la reine, êtes-vous coiffée comme une petite coquette, votre chambre pleine d'odeurs, et votre personne si magnifique, qu'au milieu de la cour vous seriez moins parée ?

— J'ai assez de loisir, dit la princesse ; il n'est pas extraordinaire que j'en donne quelques moments à m'habiller ; j'en passe tant d'autres à pleurer mes malheurs, que ceux-là ne sont pas à me reprocher.

— Çà, çà, voyons, dit la reine, si cette innocente personne n'a point quelque traité fait avec les ennemis. »

Elle chercha elle-même partout ; et venant à la paillasse, qu'elle fit vider, elle y trouva une si grande quantité de diamants, de perles, de rubis, d'émeraudes et de topazes, qu'elle ne savait d'où cela venait. Elle avait résolu de mettre en quelque lieu des papiers pour perdre la princesse ; dans le temps qu'on n'y prenait pas garde, elle en cacha dans la cheminée : mais par bonheur l'Oiseau Bleu était perché au-dessus, qui voyait mieux qu'un lynx, et qui écoutait tout. Il s'écria : « Prends garde à toi, Florine, voilà ton ennemie qui veut te faire une trahison. »

Cette voix si peu attendue épouvanta à tel point la reine, qu'elle n'osa faire ce qu'elle avait médité.

« Vous voyez, madame, dit la princesse, que les esprits qui volent en l'air me sont favorables.

— Je crois, dit la reine outrée de colère, que les démons s'intéressent pour vous ; mais malgré eux votre père saura se faire justice.

— Plût au Ciel, s'écria Florine, n'avoir à craindre que la fureur de mon père ! Mais la vôtre, madame, est plus terrible. »

La reine la quitta, troublée de tout ce qu'elle venait de voir et d'entendre. Elle tint conseil sur ce qu'elle devait faire contre la princesse : on lui dit que, si quelque fée ou quelque enchanteur la prenaient sous leur protection, le vrai secret pour les irriter serait de lui faire de nouvelles peines, et qu'il serait mieux d'essayer de découvrir son intrigue. La reine approuva cette pensée ; elle envoya coucher dans sa chambre une

jeune fille qui contrefaisait l'innocente : elle eut l'ordre de lui dire qu'on la mettait auprès d'elle pour la servir. Mais quelle apparence de donner dans un panneau si grossier ? La princesse la regarda comme une espionne, elle ne put ressentir une douleur plus violente. « Quoi ! je ne parlerais plus à cet Oiseau qui m'est si cher ! disait-elle. Il m'aidait à supporter mes malheurs, je soulageais les siens ; notre tendresse nous suffisait. Que va-t-il faire ? Que ferai-je moi-même ? » En pensant à toutes ces choses, elle versait des ruisseaux de larmes.

Elle n'osait plus se mettre à la petite fenêtre, quoiqu'elle entendît voltiger autour : elle mourait d'envie de lui ouvrir, mais elle craignait d'exposer la vie de ce cher amant. Elle passa un mois entier sans paraître ; l'Oiseau Bleu se désespérait : quelles plaintes ne faisait-il pas ! Comment vivre sans voir sa princesse ? Il n'avait jamais mieux ressenti les maux de l'absence et ceux de la métamorphose ; il cherchait inutilement des remèdes à l'une et à l'autre : après s'être creusé la tête, il ne trouvait rien qui le soulageât.

L'espionne de la princesse, qui veillait jour et nuit depuis un mois, se sentit si accablée de sommeil, qu'enfin elle s'endormit profondément.

Florine s'en aperçut ; elle ouvrit sa petite fenêtre, et dit :

Oiseau Bleu, couleur du temps,
Vole à moi promptement.

Ce sont là ses propres paroles, auxquelles l'on n'a rien voulu changer. L'Oiseau les entendit si bien, qu'il vint promptement sur la fenêtre. Quelle joie de se revoir ! Qu'ils avaient de choses à se dire ! Les amitiés et les protestations de fidélité se renouvelèrent mille et mille fois : la princesse n'ayant pu s'empêcher de répandre des larmes, son amant s'attendrit beaucoup et la consola de son mieux. Enfin, l'heure de se quitter étant venue, sans que la geôlière se fût réveillée, ils se dirent l'adieu du monde le plus touchant. Le lendemain encore l'espionne s'endormit ; la princesse diligemment se mit à la fenêtre, puis elle dit comme la première fois :

Oiseau Bleu, couleur du temps,
Vole à moi promptement.

Aussitôt l'Oiseau vint, et la nuit se passa comme l'autre, sans bruit et sans éclat, dont nos amants étaient ravis : ils se flattaient que la surveillante prendrait tant de plaisir à dormir, qu'elle en ferait autant toutes les nuits. Effectivement, la troisième se passa encore très heureusement ; mais pour celle qui suivit, la dormeuse ayant entendu du bruit, elle écouta sans faire semblant de rien ; puis elle regarda de son mieux, et vit au clair de la lune le plus bel oiseau de l'univers qui parlait à la princesse, qui la caressait avec sa patte, qui la becquetait doucement ; enfin elle entendit plusieurs choses de leur conversation, et demeura très étonnée : car l'Oiseau parlait comme un amant, et la belle Florine lui répondait avec tendresse.

Le jour parut, ils se dirent adieu ; et, comme s'ils eussent eu un pressentiment de leur prochaine disgrâce, ils se quittèrent avec une peine extrême. La princesse se jeta sur son lit toute baignée de ses larmes, et le roi retourna dans le creux de son arbre. Sa geôlière courut chez la reine ; elle lui apprit tout ce qu'elle avait vu et entendu. La reine envoya quérir Truitonne et ses confidentes ; elles raisonnèrent longtemps ensemble, et conclurent que l'Oiseau Bleu était le roi Charmant. « Quel affront ! s'écria la reine, quel affront, ma Truitonne ! Cette insolente princesse, que je croyais si affligée, jouissait en repos des agréables conversations de notre ingrat ! Ah ! je me vengerai d'une manière si sanglante qu'il en sera parlé. » Truitonne la pria de n'y perdre pas un moment ; et, comme elle se croyait plus intéressée dans l'affaire que la reine, elle mourait de joie lorsqu'elle pensait à tout ce qu'on ferait pour désoler l'amant et la maîtresse.

La reine renvoya l'espionne dans la tour ; elle lui ordonna de ne témoigner ni soupçon, ni curiosité, et de paraître plus endormie qu'à l'ordinaire. Elle se coucha de bonne heure, elle ronfla de son mieux, et la pauvre princesse déçue, ouvrant la petite fenêtre, s'écria :

Oiseau Bleu, couleur du temps,
Vole à moi promptement.

Mais elle l'appela toute la nuit inutilement, il ne parut point : car la méchante reine avait fait attacher au cyprès des épées, des couteaux, des rasoirs, des poignards ; et, lorsqu'il vint à tire-d'aile s'abattre dessus, ces armes meurtrières lui coupèrent les pieds ; il tomba sur d'autres, qui lui coupèrent les ailes ; et enfin, tout percé, il se sauva avec mille peines jusqu'à son arbre, laissant une longue trace de sang.

Que n'étiez-vous là, belle princesse, pour soulager cet Oiseau royal ? Mais elle serait morte, si elle l'avait vu dans un état si déplorable. Il ne voulait prendre aucun soin de sa vie, persuadé que c'était Florine qui lui avait fait jouer ce mauvais tour. « Ah ! barbare, disait-il douloureusement, est-ce ainsi que tu paies la passion la plus pure et la plus tendre qui sera jamais ? Si tu voulais ma mort, que ne me la demandais-tu toi-même ? Elle m'aurait été chère de ta main. Je venais te trouver avec tant d'amour et de confiance ! Je souffrais pour toi, et je souffrais sans me plaindre ! Quoi ! tu m'as sacrifié à la plus cruelle des femmes ! Elle était notre ennemie commune ; tu viens de faire ta paix à mes dépens. C'est toi, Florine, c'est toi qui me poignardes ! Tu as emprunté la main de Truitonne, et tu l'as conduite jusque dans mon sein ! » Ces funestes idées l'accablèrent à un tel point qu'il résolut de mourir.

Mais son ami l'enchanteur, qui avait vu revenir chez lui les grenouilles volantes avec le chariot sans que le roi parût, se mit si en peine de ce qui pouvait lui être arrivé, qu'il parcourut huit fois toute la terre pour le chercher, sans qu'il lui fût possible de le trouver. Il faisait son neuvième tour, lorsqu'il passa dans le bois où il était, et, suivant les règles qu'il s'était prescrites, il sonna du cor assez longtemps, et puis il cria cinq fois de toute sa force : « Roi Charmant, roi Charmant, où êtes-vous ? »

Le roi reconnut la voix de son meilleur ami :

« Approchez, lui dit-il, de cet arbre, et voyez le malheureux roi que vous chérissez, noyé dans son sang. »

L'enchanteur, tout surpris, regardait de tous côtés sans rien voir : « Je suis Oiseau Bleu », dit le roi d'une voix faible et languissante. À ces mots, l'enchanteur le trouva sans peine dans son petit nid. Un autre que lui aurait été étonné plus qu'il ne le fut ; mais il n'ignorait aucun tour de l'art nécromancien : il ne lui en coûta que quelques paroles pour arrêter le sang qui coulait encore ; et avec des herbes qu'il trouva dans le bois, et sur lesquelles il dit deux mots de grimoire, il guérit le roi aussi parfaitement que s'il n'avait pas été blessé.

Il le pria ensuite de lui apprendre par quelle aventure il était devenu Oiseau, et qui l'avait blessé si cruellement. Le roi contenta sa curiosité : il lui dit que c'était Florine qui avait décelé le mystère amoureux des visites secrètes qu'il lui rendait, et que, pour faire sa paix avec la reine, elle avait consenti à laisser garnir le cyprès de poignards et de rasoirs, par lesquels il avait été presque haché ; il se récria mille fois sur l'infidélité de cette princesse, et dit qu'il s'estimerait heureux d'être mort avant d'avoir connu son méchant cœur. Le magicien se déchaîna contre elle et contre toutes les femmes ; il conseilla au roi de l'oublier. « Quel malheur serait le vôtre, lui dit-il, si vous étiez capable d'aimer plus longtemps cette ingrate ! Après ce qu'elle vient de vous faire, l'on en doit tout craindre. »

L'Oiseau Bleu n'en put demeurer d'accord, il aimait encore trop chèrement Florine ; et l'enchanteur, qui connut ses sentiments malgré le soin qu'il prenait de les cacher, lui dit d'une manière agréable :

Accablé d'un cruel malheur,
En vain l'on parle et l'on raisonne,
On n'écoute que sa douleur,
Et point les conseils qu'on nous donne.

Il faut laisser faire le temps ;
Chaque chose a son point de vue ;
Et quand l'heure n'est pas venue,
On se tourmente vainement.

Le royal Oiseau en convint, et pria son ami de le porter chez lui et de le mettre dans une cage où il fût à couvert de la patte du chat et de toute arme meurtrière. « Mais, lui dit l'enchanteur, resterez-vous encore cinq ans dans un état si déplorable et si peu convenable à vos affaires et à votre dignité ? Car enfin, vous avez des ennemis qui soutiennent que vous êtes mort ; ils veulent envahir votre royaume : je crains bien que vous ne l'ayez perdu avant d'avoir recouvré votre première forme.

— Ne pourrais-je pas, répliqua-t-il, aller dans mon palais et gouverner tout comme je faisais ordinairement ?

— Oh ! s'écria son ami, la chose est difficile ! Tel qui veut obéir à un homme ne veut pas obéir à un perroquet ; tel vous craint étant roi, étant environné de grandeur et de faste, qui vous arrachera toutes les plumes, vous voyant un petit oiseau.

— Ah ! faiblesse humaine ! brillant extérieur ! s'écria le roi, encore que tu ne signifies rien pour le mérite et la vertu, tu ne laisses pas d'avoir des endroits décevants, dont on ne saurait presque se défendre ! Eh bien, continua-t-il, soyons philosophe, méprisons ce que nous ne pouvons obtenir : notre parti ne sera point le plus mauvais.

— Je ne me rends pas sitôt, dit le magicien, j'espère trouver quelques bons expédients. »

Florine, la triste Florine, désespérée de ne plus voir le roi, passait les jours et les nuits à la fenêtre, répétant sans cesse :

Oiseau Bleu, couleur du temps,
Vole à moi promptement.

La présence de son espionne ne l'en empêchait point ; son désespoir était tel, qu'elle ne ménageait plus rien. « Qu'êtes-vous devenu, roi Charmant ? s'écria-t-elle. Nos communs ennemis vous ont-ils fait ressentir les cruels effets de leur rage ? Avez-vous été sacrifié à leurs fureurs ? Hélas ! hélas ! n'êtes-vous plus ? Ne dois-je plus vous voir ? ou, fatigué de mes malheurs, m'avez-vous abandonnée à la dureté de mon sort ? » Que de larmes, que de sanglots suivaient ces tendres plaintes ! Que les heures étaient devenues longues par l'absence d'un amant si aimable et si cher ! La princesse, abattue, malade, maigre et changée, pouvait à peine se soutenir ; elle était persuadée que tout ce qu'il y a de plus funeste était arrivé au roi.

La reine et Truitonne triomphaient ; la vengeance leur faisait plus de plaisir que l'offense ne leur avait fait de peine. Et, au fond, de quelle offense s'agissait-il ? Le roi Charmant n'avait pas voulu épouser un petit monstre qu'il avait mille sujets de haïr.

Cependant le père de Florine, qui devenait vieux, tomba malade et mourut. La fortune de la méchante reine et sa fille changea de face : elles étaient regardées comme des favorites qui avaient abusé de leur faveur, le peuple mutiné courut au palais demander la princesse Florine, la reconnaissant pour souveraine. La reine, irritée, voulut traiter l'affaire avec hauteur ; elle parut sur un balcon et menaça les mutins. En même temps la sédition devint générale ; on enfonce les portes de son appartement, on le pille, et on l'assomme à coups de pierres. Truitonne s'enfuit chez sa marraine la fée Soussio ; elle ne courait pas moins de dangers que sa mère.

Les grands du royaume s'assemblèrent promptement et montèrent à la tour, où la princesse était fort malade : elle ignorait la mort de son père et le supplice de son ennemie. Quand elle entendit tant de bruit, elle ne douta pas qu'on ne vînt la prendre pour la faire mourir ; elle n'en fut point effrayée : la vie lui était odieuse depuis qu'elle avait perdu l'Oiseau Bleu. Mais ses sujets s'étant jetés à ses pieds, lui apprirent le changement qui venait d'arriver à sa fortune ; elle n'en fut point émue. Ils la portèrent dans son palais et la couronnèrent. Les soins infinis que l'on prit de sa santé, et l'envie qu'elle avait d'aller chercher l'Oiseau Bleu, contribuèrent beaucoup à la rétablir, et lui donnèrent bientôt assez de force pour nommer un conseil, afin d'avoir soin de son royaume en son absence ; et puis elle prit pour des mille millions de pierreries, et elle partit une nuit toute seule, sans que personne sût où elle allait.

L'enchanteur qui prenait soin des affaires du roi Charmant, n'ayant pas assez de pouvoir pour détruire ce que Soussio avait fait, s'avisa de l'aller trouver et de lui proposer quelque accommodement en faveur duquel elle rendrait au roi sa figure naturelle : il prit les grenouilles et vola chez la fée, qui causait dans ce moment avec Truitonne. D'un enchanteur à une fée il n'y a que la main ; ils se connaissaient depuis cinq ou six cents ans, et dans cet espace de temps ils avaient été mille fois bien et mal ensemble. Elle le reçut très agréablement : « Que veut mon compère ? lui dit-elle (c'est ainsi qu'ils se nomment tous). Y a-t-il quelque chose pour son service qui dépende de moi ?

— Oui, ma commère, dit le magicien ; vous pouvez tout pour ma satisfaction ; il s'agit du meilleur de mes amis, d'un roi que vous avez rendu infortuné.

— Ah ! ah ! je vous entends, compère, s'écria Soussio ; j'en suis fâchée, mais il n'y a point de grâce à espérer pour lui, s'il ne veut épouser ma filleule ; la voilà belle et jolie, comme vous voyez : qu'il se consulte. »

L'enchanteur pensa demeurer muet, tant il la trouva laide ; cependant il ne pouvait se résoudre à s'en aller sans régler quelque chose avec elle, parce que le roi avait couru mille risques depuis qu'il était en cage. Le clou qui l'accrochait s'était rompu ; la cage était tombée, et Sa Majesté emplumée souffrit beaucoup de cette chute ; Minet, qui se trouvait dans la chambre lorsque

cet accident arriva, lui donna un coup de griffe dans l'œil dont il pensa rester borgne. Une autre fois on avait oublié de lui donner à boire ; il allait le grand chemin d'avoir la pépie, quand on l'en garantit par quelques gouttes d'eau. Un petit coquin de singe, s'étant échappé, attrapa ses plumes au travers des barreaux de sa cage, et il l'épargna aussi peu qu'il aurait fait un geai ou un merle. Le pire de tout cela, c'est qu'il était sur le point de perdre son royaume ; ses héritiers faisaient tous les jours des fourberies nouvelles pour prouver qu'il était mort. Enfin l'enchanteur conclut avec sa commère Soussio qu'elle mènerait Truitonne dans le palais du roi Charmant ; qu'elle y resterait quelques mois, pendant lesquels il prendrait sa résolution de l'épouser, et qu'elle lui rendrait sa figure ; quitte à reprendre celle d'oiseau, s'il ne voulait pas se marier.

La fée donna des habits tout d'or et d'argent à Truitonne, puis elle la fit monter en trousse derrière elle sur un dragon, et elles se rendirent au royaume de Charmant, qui venait d'y arriver avec son fidèle ami l'enchanteur. En trois coups de baguette il se vit le même qu'il avait été, beau, aimable, spirituel et magnifique ; mais il achetait bien cher le temps dont on diminuait sa pénitence : la seule pensée d'épouser Truitonne le faisait frémir. L'enchanteur lui disait les meilleures raisons qu'il pouvait, elles ne faisaient qu'une médiocre impression sur son esprit ; et il était moins occupé de la conduite de son royaume que des moyens de proroger le terme que Soussio lui avait donné pour épouser Truitonne.

Cependant la reine Florine, déguisée sous un habit de paysanne, avec ses cheveux épars et mêlés, qui cachaient son visage, un chapeau de paille sur la tête, un sac de toile sur son épaule, commença son voyage, tantôt à pied, tantôt à cheval, tantôt par mer, tantôt par terre : elle faisait toute la diligence possible ; mais, ne sachant où elle devait tourner ses pas, elle craignait toujours d'aller d'un côté pendant que son aimable roi serait de l'autre. Un jour qu'elle s'était arrêtée au bord d'une fontaine dont l'eau argentée bondissait sur de petits cailloux, elle eut envie de se laver les pieds ; elle s'assit sur le gazon, elle releva ses blonds cheveux avec un ruban, et mit ses pieds dans le ruisseau : elle ressemblait à Diane qui se baigne au retour d'une chasse. Il passa dans cet endroit une petite vieille toute voûtée, appuyée sur un gros bâton ; elle s'arrêta, et lui dit :

« Que faites-vous là, ma belle fille ? vous êtes bien seule !

— Ma bonne mère, dit la reine, je ne laisse pas d'être en grande compagnie, car j'ai avec moi les chagrins, les inquiétudes et les déplaisirs. »

À ces mots, ses yeux se couvrirent de larmes.

« Quoi ! si jeune, vous pleurez, dit la bonne femme. Ah ! ma fille, ne vous affligez pas. Dites-moi ce que vous avez sincèrement, et j'espère vous soulager. »

La reine le voulut bien ; elle lui conta ses ennuis, la conduite que la fée Soussio avait tenue dans cette affaire, et enfin comme elle cherchait l'Oiseau Bleu.

La petite vieille se redresse, s'agence, change tout d'un coup de visage, paraît belle, jeune, habillée superbement ; et regardant la reine avec un sourire gracieux : « Incomparable Florine, lui dit-elle, le roi que vous cherchez n'est plus oiseau : ma sœur Soussio lui a rendu sa première figure, il est dans son royaume ; ne vous affligez point ; vous y arriverez, et vous viendrez à bout de votre dessein. Voici quatre œufs ; vous les casserez dans vos pressants besoins, et vous y trouverez des secours qui vous seront utiles. »

En achevant ces mots, elle disparut. Florine se

sentit fort consolée de ce qu'elle venait d'entendre ; elle mit les œufs dans son sac, et tourna ses pas vers le royaume de Charmant.

Après avoir marché huit jours et huit nuits sans s'arrêter, elle arrive au pied d'une montagne prodigieuse par sa hauteur, toute d'ivoire, et si droite que l'on n'y pouvait mettre les pieds sans tomber. Elle fit mille tentatives inutiles ; elle glissait, elle se fatiguait, et, désespérée d'un obstacle si insurmontable, elle se coucha au pied de la montagne, résolue de s'y laisser mourir, quand elle se souvint des œufs que la fée lui avait donnés. Elle en prit un : « Voyons, dit-elle, si elle ne s'est point moquée de moi en me promettant les secours dont j'aurais besoin. » Dès qu'elle l'eut cassé, elle y trouva de petits crampons d'or, qu'elle mit à ses pieds et à ses mains. Quand elle les eut, elle monta la montagne d'ivoire sans aucune peine, car les crampons entraient dedans et l'empêchaient de glisser. Lorsqu'elle fut tout en haut, elle eut de nouvelles peines pour descendre : toute la vallée était d'une seule glace de miroir. Il y avait autour plus de soixante mille femmes qui s'y miraient avec un plaisir extrême, car ce miroir avait bien deux lieues de large et six de haut. Chacune s'y voyait selon ce qu'elle voulait être :

la rouge y paraissait blonde, la brune avait les cheveux noirs, la vieille croyait être jeune, la jeune n'y vieillissait point ; enfin, tous les défauts y étaient si bien cachés, que l'on y venait des quatre coins du monde. Il y avait de quoi mourir de rire, de voir les grimaces et les minauderies que la plupart de ces coquettes faisaient. Cette circonstance n'y attirait pas moins d'hommes ; le miroir leur plaisait aussi. Il faisait paraître aux uns de beaux cheveux, aux autres la taille plus haute et mieux prise, l'air martial, et meilleure mine. Les femmes, dont ils se moquaient, ne se moquaient pas moins d'eux ; de sorte que l'on appelait cette montagne de mille noms différents. Personne n'était jamais parvenu jusqu'au sommet ; et, quand on vit Florine, les dames poussèrent de longs cris de désespoir : « Où va cette malavisée ? disaient-elles. Sans doute qu'elle a assez d'esprit pour marcher sur notre glace ; du premier pas elle brisera tout. » Elles faisaient un bruit épouvantable.

La reine ne savait comment faire, car elle voyait un grand péril à descendre par là ; elle cassa un autre œuf, dont il sortit deux pigeons et un chariot, qui devint en même temps assez grand pour s'y placer commodément ; puis les pigeons descendirent doucement avec la reine, sans qu'il lui arrivât rien de fâcheux. Elle leur dit : « Mes petits amis, si vous vouliez me conduire jusqu'au lieu où le roi Charmant tient sa cour, vous n'obligeriez point une ingrate. » Les pigeons, civils et obéissants, ne s'arrêtèrent ni jour ni nuit qu'ils ne fussent arrivés aux portes de la ville. Florine descendit et leur donna à chacun un doux baiser plus estimable qu'une couronne.

Oh ! que le cœur lui battit en entrant ! elle se barbouilla le visage pour n'être point connue. Elle demanda aux passants où elle pouvait voir le roi. Quelques-uns se prirent à rire ! « Voir le roi ? lui dirent-ils ; oh ! que lui veux-tu, ma mie Souillon ? Va, va te décrasser, tu n'as pas les yeux assez bons pour voir un tel monarque. » La reine ne répondit rien : elle s'éloigna doucement et demanda encore à ceux qu'elle rencontra où elle se pourrait mettre pour voir le roi. « Il doit venir demain au temple avec la princesse Truitonne lui dit-on ; car enfin il consent à l'épouser. »

Ciel ! quelle nouvelle ! Truitonne, l'indigne Truitonne sur le point d'épouser le roi ! Florine pensa mourir ; elle n'eut plus de force pour parler ni pour marcher : elle se mit sous une porte, assise sur des pierres, bien cachée de ses cheveux et de son chapeau de paille. « Infortunée que je suis ! disait-elle, je viens ici pour augmenter le triomphe de ma rivale et me rendre témoin de sa satisfaction ! C'était donc à cause d'elle que l'Oiseau Bleu cessa de me venir voir ! C'était pour ce petit monstre qu'il me faisait la plus cruelle de toutes les infidélités, pendant qu'abîmée dans la douleur je m'inquiétais pour la conservation de sa vie ! Le traître avait changé ; et, se souvenant moins de moi que s'il ne m'avait jamais vue, il me laissait le soin de m'affliger de sa trop longue absence, sans se soucier de la mienne. »

Quand on a beaucoup de chagrin, il est rare d'avoir bon appétit ; la reine chercha où se loger, et se coucha sans souper. Elle se leva avec le jour, elle courut au temple ; elle n'y entra qu'après avoir essuyé mille rebuffades des gardes et des soldats. Elle vit le trône du roi et celui de Truitonne, qu'on regardait déjà comme la reine. Quelle douleur pour une personne aussi tendre et aussi délicate que Florine ! Elle s'approcha du trône de sa rivale ; elle se tint debout, appuyée contre un pilier de marbre. Le roi vint le premier, plus beau et plus aimable qu'il eût été de

sa vie. Truitonne parut ensuite, richement vêtue, et si laide, qu'elle en faisait peur. Elle regarda la reine en fronçant le sourcil. « Qui es-tu, lui dit-elle, pour oser t'approcher de mon excellente figure, et si près de mon trône d'or ?

— Je me nomme Mie-Souillon, répondit-elle ; je viens de loin pour vous vendre des raretés. »

Elle fouilla aussitôt dans son sac de toile ; elle en tira des bracelets d'émeraude que le roi Charmant lui avait donnés.

« Ho ! ho ! dit Truitonne, voilà de jolies verrines ; en veux-tu une pièce de cinq sous ?

— Montrez-les, madame, aux connaisseurs, dit la reine, et puis nous ferons notre marché. »

Truitonne, qui aimait le roi plus tendrement qu'une telle bête n'en était capable, étant ravie de trouver des occasions de lui parler, s'avança jusqu'à son trône et lui montra les bracelets, le priant de lui dire son sentiment. À la vue de ces bracelets, il se souvint de ceux qu'il avait donnés à Florine ; il pâlit, il soupira, et fut longtemps sans répondre ; enfin, craignant qu'on ne s'aperçût de l'état où ses différentes pensées le réduisaient, il se fit un effort et lui répliqua :

« Ces bracelets valent, je crois, autant que mon

royaume ; je pensais qu'il n'y en avait qu'une paire au monde, mais en voilà de semblables. »

Truitonne revint de son trône, où elle avait moins bonne mine qu'une huître à l'écaille ; elle demanda à la reine combien, sans surfaire, elle voulait de ces bracelets.

« Vous auriez trop de peine à me les payer, madame, dit-elle ; il vaut mieux vous proposer un autre marché. Si vous me voulez procurer de coucher une nuit dans le cabinet des Échos qui est au palais du roi, je vous donnerai mes émeraudes.

— Je le veux bien, Mie-Souillon », dit Truitonne en riant comme une perdue et montrant des dents plus longues que les défenses d'un sanglier.

Le roi ne s'informa point d'où venaient ces bracelets, moins par indifférence pour celle qui les présentait (bien qu'elle ne fût guère propre à faire naître la curiosité), que par un éloignement invincible qu'il sentait pour Truitonne. Or, il est à propos qu'on sache que, pendant qu'il était Oiseau Bleu, il avait conté à la princesse qu'il y avait sous son appartement un cabinet, qu'on appelait le cabinet des Échos, qui était si ingénieusement fait, que tout ce qui s'y disait fort bas était entendu du roi lorsqu'il était couché dans sa chambre ; et, comme Florine voulait lui reprocher son infidélité, elle n'en avait point imaginé de meilleur moyen.

On la mena dans le cabinet par ordre de Truitonne : elle commença ses plaintes et ses regrets. « Le malheur dont je voulais douter n'est que trop certain, cruel Oiseau Bleu ! dit-elle ; tu m'as oubliée, tu aimes mon indigne rivale ! Les bracelets que j'ai reçus de ta déloyale main n'ont pu me rappeler à ton souvenir, tant j'en suis éloignée ! » Alors les sanglots interrompirent ses paroles, et, quand elle eut assez de forces pour parler, elle se plaignit encore et continua jusqu'au jour. Les valets de chambre l'avaient entendue toute la nuit gémir et soupirer : ils le dirent à Truitonne, qui lui demanda quel tintamarre elle avait fait. La reine lui dit qu'elle dormait si bien, qu'ordinairement elle rêvait et qu'elle parlait très souvent haut. Pour le roi, il ne l'avait point entendue, par une fatalité étrange : c'est que, depuis qu'il avait aimé Florine, il ne pouvait plus dormir, et lorsqu'il se mettait au lit pour prendre quelque repos, on lui donnait de l'opium.

La reine passa une partie du jour dans une étrange inquiétude. « S'il m'a entendue, disait-elle, se peut-il une indifférence plus cruelle ? S'il ne m'a pas entendue, que ferai-je pour parvenir à me faire entendre ? » Il ne se trouvait plus de raretés extraordinaires, car des pierreries sont toujours belles ; mais il fallait quelque chose qui piquât le goût de Truitonne : elle eut recours à ses œufs. Elle en cassa un ; aussitôt il en sortit un petit carrosse d'acier poli, garni d'or de rapport : il était attelé de six souris vertes, conduites par un raton couleur de rose, et le postillon, qui était aussi de famille ratonnière, était gris de lin. Il y avait dans ce carrosse quatre marionnettes plus fringantes et plus spirituelles que toutes celles qui paraissent aux foires Saint-Germain et Saint-Laurent ; elles faisaient des choses surprenantes, particulièrement deux petites Égyptiennes qui, pour danser la sarabande et les passe-pieds, ne l'auraient pas cédé à Léance.

La reine demeura ravie de ce nouveau chef-d'œuvre de l'art nécromancien ; elle ne dit mot jusqu'au soir, qui était l'heure que Truitonne allait à la promenade ; elle se mit dans une allée, faisant galoper ses souris, qui traînaient le carrosse, les ratons et les marionnettes. Cette nouveauté étonna si fort Truitonne, qu'elle s'écria deux ou trois fois :

« Mie-Souillon, Mie-Souillon, veux-tu cinq sous du carrosse et de ton attelage souriquois ?

— Demandez aux gens de lettres et aux docteurs de ce royaume, dit Florine, ce qu'une telle merveille peut valoir, et je m'en rapporterai à l'estimation du plus savant. »

Truitonne, qui était absolue en tout, lui répliqua : « Sans m'importuner plus longtemps de ta crasseuse présence, dis-m'en le prix.

— Dormir encore dans le cabinet des Échos, dit-elle, est tout ce que je demande.

— Va, pauvre bête, répliqua Truitonne, tu n'en seras pas refusée » ; et se tournant vers ses dames : « Voilà une sotte créature, dit-elle, de retirer si peu d'avantages de ses raretés. »

La nuit vint. Florine dit tout ce qu'elle put imaginer de plus tendre, et elle le dit aussi inutilement qu'elle l'avait déjà fait, parce que le roi ne manquait jamais de prendre son opium. Les valets de chambre disaient entre eux : « Sans doute que cette paysanne est folle : qu'est-ce qu'elle raisonne toute la nuit ?

— Avec cela, disaient les autres, il ne laisse pas d'y avoir de l'esprit et de la passion dans ce qu'elle conte. »

Elle attendait impatiemment le jour, pour voir

quel effet ses discours auraient produit. « Quoi ! ce barbare est devenu sourd à ma voix ! disait-elle. Il n'entend plus sa chère Florine ? Ah ! quelle faiblesse de l'aimer encore ! que je mérite bien les marques de mépris qu'il me donne ! »

Mais elle y pensait inutilement, elle ne pouvait se guérir de sa tendresse. Il n'y avait plus qu'un œuf dans son sac dont elle dût espérer du secours ; elle le cassa : il en sortit un pâté de six oiseaux qui étaient bardés, cuits et fort bien apprêtés ; avec cela ils chantaient merveilleusement bien, disaient la bonne aventure, et savaient mieux la médecine qu'Esculape. La reine resta charmée d'une chose si admirable ; elle alla avec son pâté parlant dans l'antichambre de Truitonne.

Comme elle attendait qu'elle passât, un des valets de chambre du roi s'approcha d'elle et lui dit :

« Ma Mie-Souillon, savez-vous bien que, si le roi ne prenait pas de l'opium pour dormir, vous l'étourdiriez assurément ? car vous jasez la nuit d'une manière surprenante. »

Florine ne s'étonna plus de ce qu'il ne l'avait pas entendue ; elle fouilla dans son sac et lui dit :

« Je crains si peu d'interrompre le repos du

roi, que, si vous voulez ne point lui donner d'opium ce soir, en cas que je couche dans ce même cabinet, toutes ces perles et tous ces diamants seront pour vous. »

Le valet de chambre y consentit et lui en donna sa parole.

À quelques moments de là, Truitonne vint ; elle aperçut la reine avec son pâté, qui feignait de le vouloir manger : « Que fais-tu là, Mie-Souillon ? lui dit-elle.

— Madame, répliqua Florine, je mange des astrologues, des musiciens et des médecins. »

En même temps tous les oiseaux se mettent à chanter plus mélodieusement que des sirènes ; puis ils s'écrièrent : « Donnez la pièce blanche et nous vous dirons votre bonne aventure. » Un canard, qui dominait, dit plus haut que les autres : « Can, can, can, je suis médecin, je guéris de tous les maux et de toute sorte de folie, hormis de celle d'amour. »

Truitonne, plus surprise de tant de merveilles qu'elle l'eût été de ses jours, jura : « Par la vertuchou, voilà un excellent pâté ! je le veux avoir ; çà, çà, Mie-Souillon, que t'en donnerai-je ?

— Le prix ordinaire, dit-elle : coucher dans le cabinet des Échos, et rien davantage.

— Tiens, dit généreusement Truitonne (car elle était de belle humeur par l'acquisition d'un tel pâté), tu en auras une pistole. »

Florine, plus contente qu'elle l'eût encore été, parce qu'elle espérait que le roi l'entendrait, se retira en la remerciant.

Dès que la nuit parut, elle se fit conduire dans le cabinet, souhaitant avec ardeur que le valet de chambre lui tînt parole, et qu'au lieu de donner de l'opium au roi il lui présentât quelque autre chose qui pût le tenir éveillé. Lorsqu'elle crut que chacun s'était endormi, elle commença ses plaintes ordinaires. « À combien de périls me suis-je exposée, disait-elle, pour te chercher, pendant que tu me fuis et que tu veux épouser Truitonne. Que t'ai-je donc fait, cruel, pour oublier tes serments ? Souviens-toi de ta métamorphose, de mes bontés, de nos tendres conversations. » Elle les répéta presque toutes, avec une mémoire qui prouvait assez que rien ne lui était plus cher que ce souvenir.

Le roi ne dormait point, et il entendait si distinctement la voix de Florine et toutes ses paroles, qu'il ne pouvait comprendre d'où elles venaient ; mais son cœur, pénétré de tendresse, lui rappela si vivement l'idée de son incomparable princesse, qu'il sentit sa séparation avec la même douleur qu'au moment où les couteaux l'avaient blessé sur le cyprès. Il se mit à parler de son côté comme la reine avait fait du sien : « Ah ! princesse, dit-il, trop cruelle pour un amant qui vous adorait ! est-il possible que vous m'ayez sacrifié à nos communs ennemis ! »

Florine entendit ce qu'il disait, et ne manqua pas de lui répondre et de lui apprendre que, s'il voulait entretenir la Mie-Souillon, il serait éclairci de tous les mystères qu'il n'avait pu pénétrer jusqu'alors. À ces mots, le roi, impatient, appela un de ses valets de chambre et lui demanda s'il ne pouvait point trouver Mie-Souillon et l'amener. Le valet de chambre répliqua que rien n'était plus aisé, parce qu'elle couchait dans le cabinet des Échos.

Le roi ne savait qu'imaginer. Quel moyen de croire qu'une si grande reine que Florine fût déguisée en souillon ? Et quel moyen de croire que Mie-Souillon eût la voix de la reine et sût des secrets si particuliers, à moins que ce ne fût elle-même ? Dans cette incertitude il se leva, et, s'habillant avec précipitation, il descendit par un degré dérobé dans le cabinet des Échos, dont la reine avait ôté la clef, mais le roi en avait une qui ouvrait toutes les portes du palais.

Il la trouva avec une légère robe de taffetas blanc, qu'elle portait sous ses vilains habits ; ses beaux cheveux couvraient ses épaules ; elle était couchée sur un lit de repos, et une lampe un peu éloignée ne rendait qu'une lumière sombre. Le roi entra tout d'un coup ; et, son amour l'emportant sur son ressentiment, dès qu'il la reconnut il vint se jeter à ses pieds, il mouilla ses mains de ses larmes et pensa mourir de joie, de douleur et de mille pensées différentes qui lui passèrent en même temps dans l'esprit.

La reine ne demeura pas moins troublée ; son cœur se serra, elle pouvait à peine soupirer. Elle regardait fixement le roi sans lui rien dire ; et, quand elle eut la force de lui parler, elle n'eut pas celle de lui faire des reproches ; le plaisir de le revoir lui fit oublier pour quelque temps les sujets de plainte qu'elle croyait avoir. Enfin, ils s'éclaircirent, ils se justifièrent ; leur tendresse se réveilla ; et tout ce qui les embarrassait, c'était la fée Soussio.

Mais dans ce moment, l'enchanteur, qui aimait le roi, arriva avec une fée fameuse : c'était justement celle qui donna les quatre œufs à Florine. Après les premiers compliments, l'enchanteur et la fée déclarèrent que, leur pouvoir étant uni en faveur du roi et de la reine, Soussio ne pouvait rien contre eux, et qu'ainsi leur mariage ne recevrait aucun retardement.

Il est aisé de se figurer la joie de ces deux jeunes amants : dès qu'il fut jour, on la publia dans tout le palais, et chacun était ravi de voir Florine. Ces nouvelles allèrent jusqu'à Truitonne ; elle accourut chez le roi ; quelle surprise d'y trouver sa belle rivale ! Dès qu'elle voulut ouvrir la bouche pour lui dire des injures, l'enchanteur et la fée parurent, qui la métamorphosèrent en truie, afin qu'il lui restât au moins une partie de son nom et de son naturel grondeur. Elle s'enfuit toujours grognant jusque dans la basse-cour, où de longs éclats de rire que l'on fit sur elle achevèrent de la désespérer.

Le roi Charmant et la reine Florine, délivrés d'une personne si odieuse, ne pensèrent plus qu'à la fête de leurs noces ; la galanterie et la magnificence y parurent également ; il est aisé de juger de leur félicité, après de si longs malheurs.

Quand Truitonne aspirait à l'hymen de Charmant,
Et que, sans avoir pu lui plaire,
Elle voulait former ce triste engagement
Que la mort seule peut défaire,
Qu'elle était imprudente, hélas !
Sans doute elle ignorait qu'un pareil mariage
Devient un funeste esclavage,
Si l'amour ne le forme pas.
Je trouve que Charmant fut sage.
À mon sens, il vaut beaucoup mieux
Être Oiseau Bleu, corbeau, devenir hibou même,
Que d'éprouver la peine extrême
D'avoir ce que l'on hait toujours devant les yeux,
En ces sortes d'hymens notre siècle est fertile :
Les hymens seraient plus heureux,
Si l'on trouvait encore quelque enchanteur habile
Qui voulût s'opposer à ces coupables nœuds,
Et ne jamais souffrir que l'hyménée unisse,
Par intérêt ou par caprice,
Deux cœurs infortunés, s'ils ne s'aiment tous deux.

Table des contes

MARIE-CATHERINE LE JUMEL DE BARNEVILLE, COMTESSE D'AULNOY

Marie-Catherine Le Jumel de Barneville naît à Paris en 1650. On la marie à 16 ans à François de la Motte, baron d'Aulnoy, de trente ans son aîné. Celui-ci ruine le ménage et doit accepter, pour redresser leur situation, un office subalterne chez le prince de Condé. Marie-Catherine, qui veut à tout prix se débarasser de ce mari encombrant, trame – avec la complicité de sa mère et celle de son amant – un sinistre complot, qui échoue. Traquée par la police, elle s'exile en Angleterre, où une quinzaine d'années durant, elle « rendra service » à la cour de Versailles. De retour à Paris en 1685, Mme d'Aulnoy tient un salon savant et politique, qui annonce ceux que tiendront, un siècle plus tard, les femmes du XVIIIe siècle. Il est vrai que grâce à ses qualités personnelles, son sens de l'observation et sa curiosité d'esprit, Marie-Catherine a su transformer l'expérience douloureuse de l'exil en une enrichissante étape intellectuelle. Mme d'Aulnoy s'affirme bientôt comme une « gazettière » apportant sa contribution au *Mercure Galant*, et rédige des ouvrages « documentaires » (ses *Mémoires* de cour). Elle entrepend, par ailleurs, de romancer les amours de personnages historiques, et publie bientôt un roman : *L'histoire d'Hypolite, comte de Douglas*. Au détour de ce roman, Mme d'Aulnoy glisse, pour la première fois un conte de fées : *L'Isle de la félicité*. Cette forme, qui laisse libre-cours à son imaginaire extravagant la séduit, et Mme d'Aulnoy publie en 1697 les *Contes de fées* puis en 1698 les *Contes nouveaux ou les fées à la mode*. Marie-Catherine Le Jumel de Barneville, comtesse d'Aulnoy est la première femme à se lancer dans ce genre et ouvre la voie à toute une génération de conteuses : Mlle Lhéritier, Mlle de Lubert, Mme Leprince de Beaumont, qui vont donner au conte de fées ses lettres de noblesse. Un homme déjà âgé, académicien, père de famille, s'engouffrera au même moment dans la brèche : il s'agit de Charles Parrault... Mme d'Aulnoy meurt en 1705 à l'âge de 55 ans.

1711 : Naissance à Rouen

1725 : Elle entame des études pour être enseignante (le mot institutrice n'est pas encore utilisé). C'est à ce titre qu'elle rejoint Linéville, où est installée la cour des ducs de Lorraine. Elle devient la préceptrice de la fille aînée de la duchesse.

1743 : Jeanne-Marie épouse Grimard de Beaumont. Un gentilhomme qui se révèle bien peu recommandable. Leur mariage est bientôt annulé. Ils ont eu une fille, Elisabeth.

1748 : Pour gagner sa vie, elle se rend à Londres où elle enseigne le français aux enfants de l'aristocratie anglaise. Publication de son premier roman, *Le triomphe de la vérité*.

1757 : Pour ses élèves, elle a pris l'habitude de rechercher ou d'inventer des contes. Elle les publie dans un receuil intitulé *Le magazin des enfants*. Elle se remarie avec Thomas Pichon, un Français qui, comme elle, vit à Londres.

1760 : Elle continue ses piblications de contes avec Le magasin des adolescentes (où il est beaucoup question de mariage

1762 : Retour de France. Mme de Beaumont s'installe en Haute-Savoie. Son mari reste en Angleterre. Elle consacre son temps à l'écriture.

1768 : Parution du *Magazin des pauvres*.

1776 : Publication de *Mémoires de la baronne de Batteville*, un roman d'inspiration autobiographique.

1780 : À sa mort, Jeanne-Marie Leprince de Beaumont laisse soixante-dix volumes d'écrits où les contes occupent une large place.

Composition Jouve - 53100 Mayenne
N° 293640w
Imprimé en Italie par G. Canale & C. S.p.A. - Borgaro T.se (Turin)
Dépôt éditeur n° 72524
32.10.1872.4/09 - ISBN : 2.01.321872.9
Loi n° 49-956 du 16 juillet 1949 sur les publications destinées à la jeunesse
Dépôt légal : avril 2006